2020年教育部人文社科青年基金《面向智慧城市的人员疏散系统多范式建模及协同决策辅助机制研究（20YJC630150）》
2019年度上海市软科学研究领域重点项目《基于城市大数据共享平台的上海应急疏散响应协同机制研究（19692103200）》

王岩红 著

基于城市大数据共享平台的城市应急疏散响应协同机制研究

吉林大学出版社
·长春·

图书在版编目（CIP）数据

基于城市大数据共享平台的城市应急疏散响应协同机制研究 / 王岩红著. -- 长春：吉林大学出版社，2022.8
ISBN 978-7-5768-0250-4

Ⅰ. ①基… Ⅱ. ①王… Ⅲ. ①数据处理 – 应用 – 现代化城市 – 突发事件 – 安全疏散 – 研究 – 中国 Ⅳ. ①D63

中国版本图书馆CIP数据核字(2022)第147950号

书　　名：基于城市大数据共享平台的城市应急疏散响应协同机制研究
JIYU CHENGSHI DASHUJU GONGXIANG PINGTAI DE CHENGSHI YINGJI SHUSAN XIANGYING XIETONG JIZHI YANJIU

作　　者：王岩红　著
策划编辑：高珊珊
责任编辑：高珊珊
责任校对：李卓彦
装帧设计：刘　宇
出版发行：吉林大学出版社
社　　址：长春市人民大街4059号
邮政编码：130021
发行电话：0431-89580028/29/21
网　　址：http://www.jlup.com.cn
电子邮箱：jldxcbs@sina.com
印　　刷：河北华商印刷有限公司
开　　本：787mm×1092mm　　1/16
印　　张：8.5
字　　数：140千字
版　　次：2022年8月　第1版
印　　次：2022年8月　第1次
书　　号：ISBN 978-7-5768-0250-4
定　　价：58.00元

版权所有　翻印必究

前　言

本书内容按照"理论、现状梳理→国内外及上海智慧城市、应急疏散响应机制发展路径和特征→应急疏散中个体多阶段决策的演化机制与影响因素→面向智慧城市的人员疏散系统多范式模型框架与仿真机制→上海基于城市大数据共享平台的应急疏散响应协同机制→优化城市应急疏散响应协同机制的内外部干预对策建议"的主线，采用文献研究、案例研究、实验观察与访谈调研、系统建模仿真等方法，聚焦智慧城市与应急疏散响应协同机制的建设路径与发展方向，构建完成。

第1~3章，重点梳理了智慧城市与应急疏散的基本理论；剖析美国、欧洲国家、日本、韩国等国的城市大数据共享平台的建设经验，总结中国，尤其是上海基于城市大数据共享平台的应急响应决策机制构建的现状、可行性及挑战；分别从阶段性因素、个体特征因素、个体认知水平因素、常态因素、恐慌状态因素等5个方面，分析应急疏散中个体多阶段决策的演化机制。

第4~5章，提出面向智慧城市，从宏观、中观、微观3个层面，构建人员疏散系统多范式模型框架与仿真机制：一则描述决策信息传播的"友邻效应"、疏散效率变化的敏感性，人群的"速度—流量—密度"关系及其状态节点等；二则进一步丰富社会化互动因素；三则通过系统仿真实验既可以观测个体与环境、个体间的中观层面互动，又可以追踪个体微观层面社会化状态转变的细节。探索基于城市大数据共享平台的应急疏散响应协同机制的城市（上海）方案：一是从数据分类、准入、质量、采集、存储、共享、赋能、应用等方面优化城市大数据共享平台的建设；二是完善应急疏散响应三级决策机制，即决策指挥层级—决策辅助层级—执行操作层级；三是从城市传感网络、大数据中心、标准规范、联动机制、平台架构等方面提出基于城市大数据共享平台的协同联动机制。

第6章，综合理论研究与案例比较，基于城市大数据共享平台与人员疏散系统模型的协同架构，着眼我国城市（上海）应急疏散响应机制的现状与问题，提出提升疏散效率的内部干预措施。

第7章，结论。

目 录

1 绪 论 … 1
　1.1 问题提出与研究意义 … 1
　　1.1.1 问题提出 … 1
　　1.1.2 研究意义 … 1
　1.2 研究目标与创新价值 … 2
　　1.2.1 研究目标 … 2
　　1.2.2 研究创新点 … 4
　1.3 研究现状与动态趋势 … 5
　　1.3.1 智慧城市、大数据协同平台与应急疏散系统 … 5
　　1.3.2 行人运动模型 … 8
　　1.3.3 应急疏散建模与仿真 … 9
　　1.3.4 人员疏散模型的社会化改进 … 12
　　1.3.5 中国智慧城市应急资源共享平台的发展现状及趋势 … 15
　　1.3.6 述评与展望 … 16
　1.4 研究方法与技术路线 … 16
　　1.4.1 研究方法 … 16
　　1.4.2 技术路线 … 17

2 智慧城市与城市应急疏散系统的发展现状 … 19
　2.1 核心概念界定 … 19
　　2.1.1 智慧城市 … 19
　　2.1.2 智慧城市大数据共享平台 … 20
　　2.1.3 应急响应协同机制 … 21

2.2 国外智慧城市及应急响应机制发展路径及特征 ························ 23
2.2.1 美国 ·· 24
2.2.2 欧洲 ·· 29
2.2.3 亚洲 ·· 33

2.3 中国智慧城市及应急响应机制发展路径及特征 ························ 35
2.3.1 智慧城市建设 ·· 35
2.3.2 大数据平台建设路径 ··· 35
2.3.3 应急响应体系建设 ··· 36

2.4 上海智慧城市发展现状及挑战 ··· 37
2.4.1 上海智慧城市的建设 ··· 37
2.4.2 上海大数据共享平台的建设 ··· 40
2.4.3 上海智慧城市发展面临的挑战 ··· 40
2.4.4 大数据为上海智慧城市发展带来机遇 ································· 42

3 应急疏散中个体多阶段决策的演化机制与影响因素 ······················· 44
3.1 应急疏散中个体多阶段决策与行为模式 ··································· 44
3.1.1 群体与个体的概念界定 ··· 44
3.1.2 个体决策阶段的划分 ··· 45
3.1.3 个体行为的转变过程 ··· 47
3.1.4 个体行为的转变类型 ··· 49
3.1.5 个体行为转变的复杂性讨论 ··· 49

3.2 自组织行为特征与机理 ··· 50
3.2.1 常态行人的自组织规律 ··· 51
3.2.2 恐慌状态行人的自组织规律 ··· 53

3.3 个体多阶段决策的影响因素 ··· 57
3.3.1 阶段性影响因素 ·· 57
3.3.2 社会性影响因素 ·· 58
3.3.3 常态影响因素 ·· 61
3.3.4 恐慌状态影响因素 ··· 62

4 面向智慧城市的人员疏散系统多范式模型框架与仿真机制 …… 63

4.1 多范式模型与仿真框架概述 …… 64
4.1.1 系统范式 …… 64
4.1.2 多范式建模与仿真 …… 65
4.1.3 主要的建模与仿真技术 …… 67
4.1.4 建模与仿真工具 …… 71
4.1.5 多范式模型框架 …… 72

4.2 宏观层级：人员疏散系统决策信息传播 …… 73
4.2.1 个体智能与信息传播 …… 73
4.2.2 自组织行为与友邻效应 …… 75
4.2.3 基于决策信息传播的UEWS疏散模型 …… 77
4.2.4 情景实验1：应急疏散决策信息传播 …… 81

4.3 中观层级：人员疏散系统建筑及事件信息传播 …… 82
4.3.1 人员疏散系统社会化互动因素 …… 82
4.3.2 建模框架 …… 85
4.3.3 情景实验2：应急疏散建筑及事件信息传播 …… 85

4.4 微观层级：人员疏散系统情绪蔓延 …… 99
4.4.1 人员疏散系统恐慌情绪及情绪蔓延 …… 99
4.4.2 多范式模型框架 …… 100
4.4.3 FSA情绪蔓延模型 …… 101
4.4.4 情景实验3：应急疏散情绪蔓延 …… 104

5 上海基于城市大数据共享平台的应急疏散响应协同机制 …… 111

5.1 优化上海市城市大数据共享平台建设 …… 111
5.1.1 明确城市数据界定与分类 …… 112
5.1.2 提升数据准入与数据质量 …… 113
5.1.3 规范数据采集与存储方式 …… 114
5.1.4 平衡数据共享与数据安全 …… 115
5.1.5 提升数据赋能与融合应用 …… 116

5.2 完善上海应急疏散响应决策机制的层级设计 …………………… 116
　　5.2.1 决策指挥层级 ……………………………………………… 117
　　5.2.2 决策辅助层级 ……………………………………………… 118
　　5.2.3 执行操作层级 ……………………………………………… 118
5.3 基于城市大数据共享平台的协同联动机制 …………………… 120
　　5.3.1 城市传感网络建设无死角 ………………………………… 120
　　5.3.2 大数据中心建设作为支撑 ………………………………… 120
　　5.3.3 一套数据标准规范平台建设 ……………………………… 120
　　5.3.4 一套管理机制提升协调力度 ……………………………… 121
　　5.3.5 一个平台体系架构协同多主体 …………………………… 122

6 优化城市应急疏散响应协同机制的对策与建议 …………………… 123
6.1 内部干预措施 …………………………………………………… 123
　　6.1.1 统一应急管理组织框架，提倡重点领域专业辅助决策 … 123
　　6.1.2 落实应急分散属地管理，搭建横向联动沟通渠道体系 … 123
　　6.1.3 构建应急事件分级响应，完善数据驱动的渐进式流程 … 123
6.2 外部干预措施 …………………………………………………… 124
　　6.2.1 跨组织智慧城市建设项目，推进上海大数据共享
　　　　　平台建设 …………………………………………………… 124
　　6.2.2 跨部门联合建立行业标准，健全数据信息使用的
　　　　　政策法规 …………………………………………………… 124

7 结　　论 ……………………………………………………………… 125

1 绪 论

1.1 问题提出与研究意义

1.1.1 问题提出

人员疏散系统具有鲜明的开放性与复杂性特征，基于真实性与经济性的考量，对比理论研究、疏散演习等方法，计算机建模与仿真技术在描述与分析该类复杂混合系统问题时成为必然选择。上海等城市作为科技与数据平台建设的高地，已然将电子政务、智慧城市、协同管理服务平台的整体框架设计作为明确的技术路线与发展方向，这对应急疏散响应与指挥的决策制定提出了新的科学问题：①应急人员的社会化互动定义与测度；②建筑信息系统与行人运动系统不同模型范式的整合；③系统建模层次多样性与仿真执行唯一性的矛盾；④应急疏散系统对于城市大数据的应用形式及规制等新问题对人员疏散系统的建模技术与仿真的执行提出了更为严苛的要求。

1.1.2 研究意义

本研究的意义在于：①剖析疏散人员个体多阶段决策的演化机制，改进环境熟悉程度、领导力、信息传播与情绪蔓延等社会化互动因素，优化行动规则算法，是对行人疏散系统理论的丰富与拓展；②采用多范式建模方法与仿真实验技术，在系统宏观、中观、微观层面同时构建常微分方程（ODE）、有限状态自动机（FSA）、元胞自动机（Cellular Automata）、离散事件系统规范（DEVS）等模型，是解决建模层次多样性与仿真执行唯一性矛盾的技术突破；③研究如何从城市大数据共享平台调用发生灾害的特定建筑布局的标准数据，生成人员疏散系统的环境模块，是建设数据平台、应急疏散管理协同响应与决策辅助机制的基本前提；④在建筑环境设计、应急管理预案编制、救援演练与安全培训中，利用计算机仿真技术、大数据与机器学习等方法，是面向习总书记提出的"建设全国一体化的国家大数据中心，推进技术融合、业务融合、数据融合，实现跨层级、跨地域、跨系统、跨部门、跨业务的协同管理和服务"的新型智慧城市建设的具体实践。

1.2 研究目标与创新价值

1.2.1 研究目标

1. 智慧城市与城市应急疏散系统的理论与现状分析

首先，通过文献研究、政策解读等方式梳理智慧城市与应急疏散的基本理论，探索二者的内在联系；其次，借鉴美国、欧洲国家、日本、韩国等国的城市大数据共享平台的建设经验，对比国内城乡一体化信息综合平台、可视化辅助决策平台等的建设情况，分析诸如重复投资、信息孤岛、数据烟囱、应急部门沟通协调不足、平台体系建设不足和应急响应机制层级设计缺陷等问题；最后，借鉴历史应急疏散案例，分析基于城市大数据共享平台的应急疏散响应决策机制构建的可行性。

2. 应急疏散中个体多阶段决策的演化机制与影响因素

基于自组织理论，依据应急疏散中个体决策的动态阶段与行为模式，探索常态与恐慌状态的行动规律与表现，提出影响个体多阶段决策的关键因素。这些关键因素主要内容包括：影响个体"灾情感知-个体决策-个体行为-决策（行动）调整"决策状态转变的阶段性因素；性别、年龄、性格等个体特征因素；文化程度、环境熟悉程度、疏散训练等个体认知水平因素；人群密度、行人偏好、期望速率、行人与边界的距离保持等常态因素；速率变化、出口阻塞、摩擦系数和逆流等恐慌状态因素。

3. 面向智慧城市的人员疏散系统多范式模型框架与仿真机制

构建宏观、中观、微观多范式人员疏散系统模型框架，并健全建模与仿真的过程。模型框架与仿真机制具体包括：在宏观层级，依据个体多阶段决策演化机制构建连续时间系统规范的系统动力模型。该模型可描述疏散人员信息传播的"友邻效应"、疏散效率对各参数变化量的敏感性、人群的"速度—流量—密度"关系及其状态节点等。在中观层级，研究个体社会化属性及社会化互动的作用机制。将个体与环境互动的社会属性（如速率、培训、偏好等待半径、机动性、恐慌和环境开发等）依据其互动方式分别定义为"预疏散""独立决策""随机决策""出口规则""避障规则""速率匹配""孤立决策"等规则；将个体与个体互动的社会属性（如沟通、推挤、个体空间、等待计时、领导力、情绪蔓延等）定义为"视野""follow-direction""follow-me""冲突解决与优先权"等机制，描述疏散人群的形态差异、分布、路径选择差异、目标调整、行为延宕等，同时可以考察疏散效率对人群的初始分布、平均熟悉程度、预疏散、孤立决策能力等的敏感性。在微观层级，研究疏散个体的情绪状态转变及人群的情绪蔓延机制。借鉴病毒传播阈值模型与热力传播模型，通过恐慌情绪的接收者、发送者、情绪水平、情绪表达强度、传播渠道强度、情绪衰减、情绪免疫等参数，定义情绪状态转变与蔓延机制，即"敏感—感染—恢复—再敏感"，能够揭示行人运动速率对情绪蔓延的加速作用，以及恐慌情绪作用于期望速率的效果，如疏散人群"越快越慢"等现象。

4. 上海基于城市大数据共享平台的应急疏散响应协同机制

目前，中国部分企业推出不少智慧城市数据共享平台，集成建筑信息模型、地球空间数据、物联网等三大数据资源。然而，中国各级防灾救灾、应急救援信息系统的建设尚存在"信息孤岛"与"数据烟囱"等问题。因此，提出通过IFCs标准数据将上述多范式人员疏散系统与城市大数据共享平台协同应用，即当火灾等应急事件发生、应急响应部门接到报告后，从城市大数据共享平台调用该建筑环境建筑信息模型（Building Information Model，BIM）模型的IFCs（一种开放的建筑产品数据表达与交换的国际标准）标准数据，并将其作为初始值数据输入人员疏散多范式模型，协同仿真结果可揭示建筑内人员分布、人群流量、密度与速率、道路阻塞等状态，在事件过程中有关部门可通过个体行动路径的追踪、情绪导入等手段迅速、准确地进行应急疏散指导，并实施内部、外部干预措施。事件处置结束后，运用机器学习等人工智能（Artificial Intelligence，AI）技术对城市大数据及协同仿真结果数据进行进一步的挖掘分析，一则推进人员疏散系统模型改进，二则为建筑设计标准与风险管理规范提供数据方面的科学依据，三则为城市应急响应部门的决策预案编制与预警、分级设计提供实验与技术支持。以上这些有利于解决中国各级防灾救灾、应急救援信息系统存在的"信息孤岛"与"数据烟囱"等问题，满足城市危机处置与风险管理"事前科学防、事中有效控、事后及时救"的需求。

5. 优化城市应急疏散响应协同机制的内外部干预对策建议

综合上述研究内容，本研究将结合上海应急疏散响应机制的现状与问题，围绕城市大数据共享平台建设与商业化进程、应急指挥体制探索、事件评估与协同仿真机制等几个重点方面提出相关政策与建议。另外，提出提升疏散效率的内部干预措施，如应急演练与培训等，以及在疏散过程中隔离疏导、促进渠化、瓶颈避免、标识引导、流速提升、声光刺激等外部干预措施。

1.2.2 研究创新点

本研究旨在分析人员疏散的个体多阶段决策的演化机制，结合上海的城市应急管理体系与应急疏散响应层级设计，整合人员疏散系统的多层次、多范式模型与城市大数据（尤其是建筑信息模块数据），研究适合高密度区域的协同仿真机制与应急响应机制。研究主要的创新点包括以下3点。

1. 建立宏观、中观与微观3个层面的多范式模型，以便整合人员疏散系统各模块与各层级的要素设计，建模对象包括疏散人员的决策信息传播、事件与建筑信息传播、行动规则定义、恐慌情绪蔓延等。

2. 丰富但不限于个体行动规则研究，考虑应急疏散系统中的社会化互动，如组群与领导力、信息传播与情绪蔓延等，提升仿真结果的合理性。

3. 通过IFCs标准数据，实现城市大数据平台与人员疏散多范式模型的协同，对比国内外规模城市的大数据共享平台建设及应急响应机制，提出面向智慧城市的城市应急响应协同机制的构建及优化对策，克服突发事件周期短、传播速度快等难题，利于快速且具有针对性的决策制定。

1.3 研究现状与动态趋势

1.3.1 智慧城市、大数据协同平台与应急疏散系统

所谓智慧城市，是指运用信息和通信技术手段感测、分析、整合城市运行核心系统的各项关键信息，从而对包括民生、环保、公共安全、城市服务、工商业活动在内的各种需求做出智能响应[①]。封超等同时提出了面向智慧城市的应急智能决策支持系统模型框架及其运行机制和工作流程。辜胜等分析了中国智慧城市建设的多个问题，提出技术支撑和破解"信息孤岛"的重要建议[②]。李纲等认为情报是智慧城市应急决策体系构建的核心要素，并且需要一系列的技术手段加以感知、获取、分析、整合和利用，同时应该重视恐慌情绪的疏导等人文精神层面的智慧内涵，实现政府、公众、非正式组织等多个主体之间的协同联动[③]。因此，智慧城市的构建离不开城市大数据及其共享平台的搭建。

大数据已然成为一种蕴含巨大商业价值、科研价值、社会管理与公共服务价值的重要资源[④]，包含城市公共基础、部门业务、社情民意、城市运行、行为活动和突发事件应急处置等数据的城市公共安全大数据是其中重要的数据类别[⑤]。为满足数据分析和人工智能技术赋能公共管理、应急管理决策的迫切需求[⑥]，众多学者在大数据的背景下讨论公共安全治理的新模式和数据驱动研究的新范式：曹策俊等分析了传统城市公共安全风险治理"侧重事后"的局

---

① 封超，杨乃定，郭晓. 面向智慧城市的应急智能决策支持系统构建与发展研究[J]. 未来与发展，2018，42(4)：46-50+67.
② 辜胜阻，杨建武，刘江日. 当前中国智慧城市建设中的问题与对策[J]. 中国软科学，2013(1)：6-12.
③ 李纲，李阳. 关于智慧城市与城市应急决策情报体系[J]. 图书情报工作，2015，59(4)：76-82.
④ 徐宗本，冯芷艳，郭迅华，等. 大数据驱动的管理与决策前沿课题[J]. 管理世界，2014(11)：158-163.
⑤ 黄全义，夏金超，杨秀中，等. 城市公共安全大数据[J]. 地理空间信息，2017，15(7)：1-5.
⑥ 吴俊杰，郑凌方，杜文宇，等. 从风险预测到风险溯源：大数据赋能城市安全管理的行动设计研究[J]. 管理世界，2020，36(8)：189-202.

限,提出基于大数据特征,结合公共安全三角形模型[①]和全生命周期理论,构建智慧型风险治理新模式[②];黄浪等发现数据和信息已经从传统安全理论建模中的客体逐渐演变为与人结合为一个整体的智能系统,因此构建了"大数据—宏系统—大安全"的理论研究范式[③];陈国青等分析了传统模型驱动范式中变量解释力不强与检验显著性下降等局限,提出"模型驱动+数据驱动"融合的研究新范式,进一步发挥大数据的外部嵌入、技术增强和使能创新作用[④⑤]。上述学者的思想在指引数据驱动研究新方向的同时也揭示了一系列挑战:一是如何选择恰当的方法将研究重心从宏观对策研究下沉到具体的操作研究[⑥]?二是如何融合多源异构数据[⑦]?三是如何克服数据标准化的问题[⑧]?面对挑战,学者们给出了部分选项:对于研究方法,刘奕等推介了基于"数据融合—模型推演—案例推理—心理行为规律"的安全事件情景构建、基于模拟仿真和复杂系统理论的应急决策、基于"应急平台基础数据—空间数据"综合研判等一系列方法[⑨];对于数据融合,吴俊杰等实现了基于地理信息系统(Geographic Information System,GIS)的风险数据和人口数据的尺度融合[⑩];对于数据标准化,孙轩等梳理了数据字典和语义网络等标准解决方案并展示了大数据可视

---

① 范维澄. 推进国家公共安全治理体系和治理能力现代化[J]. 人民论坛, 2020 (33): 23.
② 曹策俊, 李从东, 王玉, 等. 大数据时代城市公共安全风险演化与治理机制[J]. 中国安全科学学报, 2017, 27 (7): 151-156.
③ 黄浪, 吴超, 王秉. 大数据视阈下的系统安全理论建模范式变革[J]. 系统工程理论与实践, 2018, 38 (7): 1877-1887.
④ 陈国青, 吴刚, 顾远东, 等. 管理决策情境下大数据驱动的研究和应用挑战——范式转变与研究方向[J]. 管理科学学报, 2018, 21 (7): 1-10.
⑤ 陈国青, 曾大军, 卫强, 等. 大数据环境下的决策范式转变与使能创新[J]. 管理世界, 2020, 36 (2): 95-105+220.
⑥ 吴志敏. 大数据与城市应急管理:态势、挑战与展望[J]. 管理世界, 2017 (9).
⑦ 吴俊杰, 郑凌方, 杜文宇, 等. 从风险预测到风险溯源:大数据赋能城市安全管理的行动设计研究[J]. 管理世界, 2020, 36 (8): 189-202.
⑧ 孙轩, 孙涛. 大数据计算环境下的城市动态治理:概念内涵与应用框架[J]. 电子政务, 2020 (1): 20-28.
⑨ 刘奕, 许伟, 乔晗, 等. 突发事件应急管理方法研究进展专辑序言[J]. 管理评论, 2016, 28 (8): 3-5.
⑩ 吴俊杰, 郑凌方, 杜文宇, 等. 从风险预测到风险溯源:大数据赋能城市安全管理的行动设计研究[J]. 管理世界, 2020, 36 (8): 189-202.

化的应用场景①。因此，数据驱动下的复杂系统建模与仿真研究应与具体应急情景交互，同时需解决多源异构数据的融合及其标准化问题。

应急疏散系统是智慧城市建设的必要环节，其系统框架的构建要点在于多主体间的信息传播（数据挖掘与共享）与联动（决策支持）。但是，上述研究完成的是概念模型构建与机理分析，对于中国面向智慧城市的应急疏散系统构建和城市数据的协同共享尚需数字化建模技术的应用，以及仿真实验结果的反馈和分析。Xinghai等根据物联网和建筑信息模型（Building Information Model，BIM）的特点，建立以"城市生命线"安全运营管理中心为核心的系统框架，包括五个功能模块：工程信息共享平台、监控数据管理、三维仿真、健康诊断和安全评估、紧急警报管理等②。Deng等通过IFCs和CityGML（一种用于虚拟三维城市模型数据交换与存储的格式）之间的映射规则，来捕获来自BIM模型和GIS模型的相关信息，实现数据的协同③。Gao等构建了安全管理平台、应急管理平台与BIM平台的数据交换框架，将安全平台上搜集到的数据输入应急疏散平台，并在BIM平台上实现可视化的仿真实验④。上述学者的研究考虑了城市大数据可能的存储与调用形式，为应急系统中各模块的耦合奠定了基础。但是，基于自组织行为的应急人员疏散系统与城市大数据平台的交互机理和建模仿真还是一个崭新的研究方向。

除了大数据及其平台建设，制度准备和保障机制也有其重要性。孙建平认为城市的风险应由政府、市场、社会三方共同面对，政府保障核心机制，市场作为技术发展与投放的载体与平台，社会则需解决群众认识及行动问题。孙轩等提出了城市大数据可视化辅助决策系统模型，包括信息压缩、图像表达、

---

① 孙轩, 孙涛. 基于大数据的城市可视化治理: 辅助决策模型与应用[J]. 公共管理学报, 2018, 15(2): 120-129+158-159.

② Xinghai C, Lieyun D. Research On Operations Management Based on the Internet of Things and BIM of Urban Lifeline[J]. Engineering Sciences, 2014.

③ Deng Y, Cheng J C P, Anumba C. Mapping between BIM and 3D GIS in Different Levels of Detail Using Schema Mediation and Instance Comparison[J]. Automation in Construction, 2016, 67: 1-21.

④ Gao X, Chen Y. Research on BIM Technology in Construction Safety & Emergency Management[C]//4th International Conference on Renewable Energy and Environmental Technology (ICREET 2016). Atlantis Press, 2017.

数据挖掘和交互决策等[1]。

1.3.2 行人运动模型

郭谨一等将行人运动模型划分为宏观、中观、微观三种[2]：宏观模型通过"速度—流量—密度"关系来描述行人流（Fruin）[3]，但未考虑个体移动及个体间相互作用，这与自组织行为特征不完全相符；中观模型（Florian、Mahut和Trambla）[4]则对行人运动的各类要素、个体运动及其相互作用描述细致，尤其是能够描述节点处的动态变化；微观模型，例如社会力模型[5]、排队网络模型[6][7]、磁场力模型[8]、成本效益模型[9]、元胞自动机模型[10][11]等，以单个行人为研究对象，兼顾行人的年龄、性别和心理等特征及外部环境因素，但忽视了人群移动的整体时间与空间状态，上述模型分类及具体描述范畴见图1-1和表

---

[1] 孙轩,孙涛.基于大数据的城市可视化治理：辅助决策模型与应用[J].公共管理学报,2018,15(2):120-129+158-159.

[2] 郭谨一,刘爽,陈绍宽,毛保华.行人运动仿真研究综述[J].系统仿真学报,2008(9):2237-2242.

[3] Fruin J J. Designing for Pedestrians: A Level of Service Concept [J]. Highway Research Record（S0073-2206），1971, 355（12）: 1-15.

[4] Florian M, M Mahut, N Tramblay. A Hybrid Optimization Mesoscopic Simulation Dynamic Traffic Assignment Model [C]//Proceedings of the 2001 IEEE Intelligent Transport Systems Conference. USA: IEEE, 2001: 120-123.

[5] Helbing D, Vicsek T. Optimal Self-Organization [J]. New Journal of Physics（S1367-2630），1999, 1（13）: 1-13, 17.

[6] Lovas G. G. Modeling and Simulation of Pedestrian Traffic Flow [J]. Transport Research B（S0191-2615），1994, 28（3）: 429-443.

[7] Thompson P. A., Marchant E. W. Testing and Application of the Computer Model 'SIMULEX'[J]. Fire Safety Journal（S0379-7112），1995, 24（3）: 149-166.

[8] Okazaki S., Matsushita S. A Study of Simulation Model for Pedestrian Movement with Evacuation and Queuing [C] // Proceeding of the International Conference on Engineering for Crowd Safety, 1993. London: Elsevier, 1993: 271-280.

[9] Gipps P G, Marksjö B. A micro-simulation model for pedestrian flows [J]. Mathematics and computers in simulation, 1985, 27（2-3）: 95-105.

[10] Blue V. J., Adler J. L. Emergent Fundamental Pedestrian Flows from Cellular Automata Microsimulation [J]. Transportation Research Record（S0361-1981），1998, 1644（6）: 29-36.

[11] Muramatsu M., Irie T., Nagatani T. Jamming Transition in Pedestrian Counter Flow [J]. Physica A: Statistical Mechanics and its Applications, 1999, 267（3）: 487-498.

1-1。因此，构建一个跨越不同抽象层级的行人运动模型是解决单一层级描述力不足的创新性方案。

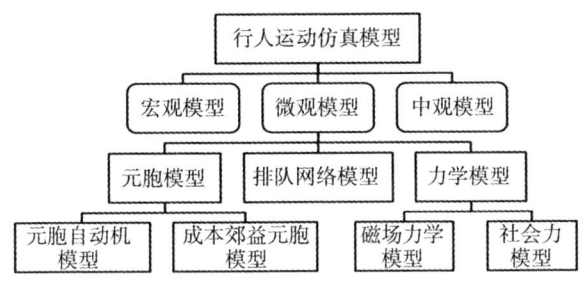

图1-1　行人运动模型分类①

资料来源：行人运动仿真综述。

表1-1　不同层级行人运动模型比较

系统描述内容	宏观模型	中观模型	微观模型
关系：速率-流量-密度	√	√	×
系统要素：个体移动、个体行为及其关系	×	√	√
节点处的动态转变	×	√	√
个体属性及其关系	×	×	√
自组织行为	×	√	√

1.3.3　应急疏散建模与仿真

除了行人运动模块，人群疏散建模还需要耦合应急环境模块，Xiongfei等总结了3个应急疏散模型的构建目标：最小化整体疏散时间、最小化撤离时间、最大化疏散人员数量等②。依据建模方法，应急疏散模型可分为3类：①移动模型，描述疏散人员在建筑内点对点的移动，可以展示阻塞、排队、瓶颈等现象，一般用于最优化疏散时间，例如FPETool、WAYOUT、TIMTEX、

---

① 郭谨一,刘爽,陈绍宽,等.行人运动仿真研究综述[J].系统仿真学报,2008(9):2237-2242.
② Xiongfei Z., Qixin S., Rachel H., Bin R.. Network Emergency Evacuation Modeling: A Literature Review[C]//Optoelectronics and Image Processing (ICOIP), 2010 International Conference on. IEEE, 2010, 2: 30-34.

PathFinder等模型[1][2][3][4]；②部分行为模型，以计算行人移动为主要内容，同时可通过预疏散时间、行人的特征等来隐晦地表达疏散者的行为，例如EXIT89、SIMULEX、GridFlow等模型[5][6][7]；③行为模型，既能描述行人向指定目标移动的行为，又可以模拟环境条件影响下的决策制定，因此具备一定的风险评估能力，例如EGRESS2002、BuildingEXODUS等，另外，该类模型可以通过人工智能技术来执行，如Legion模型[8][9][10]。上述建模思想的演化经历了模型视角由全局到个体、模型结构由粗放到连续的发展过程，表1-2及图1-2对部分疏散仿真模型的特征进行了比较，但是同时构建疏散系统较高至较低层级的具体化与较低至较高层级的抽象化反馈机制的多范式模型是一个亟待突破的难点，尚未追踪到多层级抽象建模（multi-modeling）和多范式建模（multi-paradigm modeling）的思想在该领域的应用。

---

[1] Deal S. Technical Reference Guide for FPEtool Version 3.2 [M]. National Institute of Standards and Technology, Building and Fire Research Laboratory, 1994.

[2] Shestopal V. O., Grubits S. J. Evacuation Model for Merging Traffic Flows in Multi-room and Multi-storey Buildings [J]. Fire Safety Science, 1994, 4: 625-632.

[3] Harrington S. S. TIMTEX: A Hydraulic Flow Model for Emergency Egress [M]. 1996.

[4] Cappuccio J. Pathfinder: A Computer-based Timed Egress Simulation [J]. Fire Protection Engineering, 2000, 8(1): 11-12.

[5] Fahy R. F. Exit 89-An Evacuation Model for High-rise Buildings-model Description and Example Applications [J]. Fire Safety Science, 1994, 4: 657-668.

[6] Thompson P. A., Marchant E. W. Simulex: Developing New Computer Modelling Techniques for Evaluation [J]. Fire Safety Science, 1994, 4: 613-624.

[7] Bensilum M., Purser D. Grid Flow: An Object-Oriented Building Evacuation Model Combining Pre-Movement and Movement Behaviours for Performance-based Design [J]. Fire Safety Science, 2003, 7: 941-952.

[8] Ketchell N., Bamford G. J., Kandola B. Evacuation Modelling: A New Approach [C] // ASIAFLAM'95, Proceedings of the 1st International Conference on Fire Science and Engineering. 1995: 499-505.

[9] Park J., Gwynne S., Galea E. R., Lawrence P. Validating the Building EXODUS Evacuation Model Using Data from An Unannounced Trial Evacuation [J]. Cms Press, 2003, 1904521088: 295-306.

[10] Kagarlis M. Simulation of the Movement of An Autonomous Entity through An Environment: WO, EP1546948 [P]. 2005.

1 绪 论

表1-2 部分疏散仿真模型的特征比较

模型	流模拟			路径分配	
	宏观	中观	微观	静态	动态
NETVAC1	√				√
MASSVAC	√		√		√
OREMS	√			√	
DYNEV		√		√	
NETSIM			√	√	
PARAMICS			√	√	
VISSIM		√	√		√

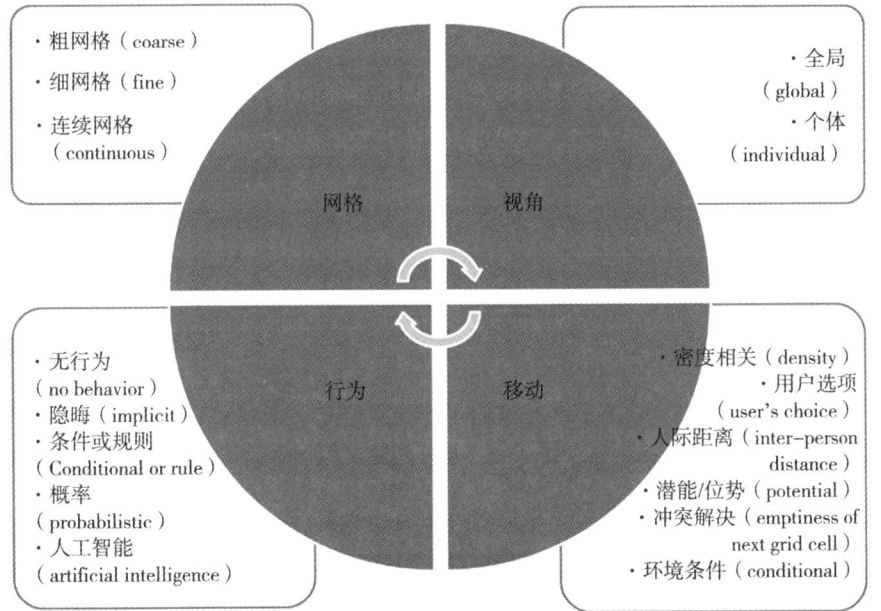

图1-2 建筑疏散系统的建模技术

1.3.4 人员疏散模型的社会化改进

Santos（2004）等回顾了应急疏散系统仿真模型的发展，发现"流—个体—组群"3个阶段的模型演化趋势的存在[1]。这种趋势也揭示了人员疏散模型正经历着由行人运动、移动规则等物理要素描述向情绪、心理等社会要素描述的转变：早期的Flow-based模型，例如EVACNET4仅估计疏散人流的形成与变化，单纯强调对物理位置的管理[2]，再例如EGRESS等元胞自动机模型将空间离散化，实现对个体移动轨迹的跟踪[3]；后来的Agent-based模型，如SIMULEX允许对个体属性进行评估建模，尝试将性别、年龄等社会化属性纳入行人运动算法[4]，再如EXIT89探索了身材、残疾、角色、偏好等趋于社会化互动范畴的个人属性对疏散系统的影响，尝试通过时滞来隐晦表达组群的差异[5]，但上述模型依然局限于寻求最短路径，也无法直接诠释社会化互动；当前，许多模型尝试将恐慌、组群、环境熟悉程度、领导力等影响因素引入，其中EXODUS对社会化心理的描述较为全面，定义了走出危险区域的行动列表，允许个体间进行手势沟通[6]，研究组也在前期做出社会化改进的尝试，一方面提出应急疏散个体间多阶段决策的信息传播模型[7]，另一方面对环境熟悉

---

[1] Santos G., Aguirre B. E. A Critical Review of Emergency Evacuation Simulation Models [J]. 2004.

[2] Kisko T. M., Francis R. L., Nobel C. R. Evacnet4 User's Guide [J]. University of Florida, 1998.

[3] Authority U K A E. A Technical Summary of the AEA Egress Code [R]. Technical Report AET/NOIL/27812001/002（2），2002.

[4] Thompson P. A., Marchant E. W. Simulex; Developing New Computer Modelling Techniques for Evaluation [J]. Fire Safety Science, 1994, 4: 613-624.

[5] Fahy R. F. Exit 89-An Evacuation Model for High-rise Buildings-model Description and Example Applications [J]. Fire Safety Science, 1994, 4: 657-668.

[6] Galea E. R., Lawrence P. J., Gwynne S. Building EXODUS V4. 06 User Guide and Technical Manual Ver. 1.2 [J]. University of Greenwich, England, 2006.

[7] 王霞，王岩红，王少伟，顾琪虹. 基于自组织的应急疏散个体间多阶段决策信息传播 [J]. 系统工程, 2018, 36（4）: 61-68.

度、领导力、情绪蔓延进行微观建模[1][2]。但是这些尝试对疏散人员在现实中的社会化互动的描述仍十分有限。

上述演化趋势揭示了由行人运动、移动规则等物理位置的描述向情绪、心理等社会要素描述的扩容，而间接和直接诠释社会化互动因素的研究仍在不断补充：Shiwakoti等在火车乘客疏散的研究中证明个体间更倾向于合作和帮助，而非竞争和推挤[3]；Liu等将不同年龄的行人疏散偏好纳入模型[4]，Cao等的仿真实验表明积极的人格特征及其对他人的引导对疏散更有益[5]；Aghabayk等在公共交通枢纽的紧急逃生仿真实验中考虑了视力障碍对个体间交流的影响[6]；Xue等的调节视力可见度验证了紧张程度对撤离效率的显著影响[7]；著者也在前期研究中分别构建了应急疏散决策信息传播模型UEWS[8]，以及纳入速率变化、环境熟悉度、偏好、机动性、领导力、环境开发、沟通等社会化互动因素的元胞离散事件系统规范（Cell-DEVS）微观模型[9][10]。除一般的社会化属

---

[1] Wang Y., Wang X., Traoré M. K. Social Interaction in Pedestrian Evacuation: A Cellular Discrete Event Simulation Approach [C]//Proceedings of the Symposium on Theory of Modeling & Simulation. Society for Computer Simulation International, 2017: 12.

[2] 王岩红, 王霞, 王少伟. 改进社会化互动的疏散系统Cell-DEVS建模与仿真[J]. 系统仿真学报, 2018, 30(8): 2928-2941.

[3] Shiwakoti N., Tay R., Stasinopoulos P., et al. Likely Behaviours of Passengers Under Emergency Evacuation in Train Station [J]. Safety Science, 2017, 91 (Complete): 40-48.

[4] Liu C., Ye R., Lian L., et al. A Least-Effort Principle Based Model for Heterogeneous Pedestrian Flow Considering Overtaking Behavior [J]. Physics Letters A, 2018: S0375960118303098.

[5] Cao S., Fu L., Song W. Exit Selection and Pedestrian Movement in A Room with Two Exits Under Fire Emergency [J]. Applied Mathematics and Computation, 2018, 332: 136-147.

[6] Aghabayk K., Radmehr K., Shiwakoti N. Effect of Intersecting Angle on Pedestrian Crowd Flow under Normal and Evacuation Conditions [J]. Sustainability, 2020, 12(4): 1301.

[7] Xue S., Shi X., Jiang R., et al. Incentive-Based Experiments to Characterize Pedestrians' Evacuation Behaviors Under Limited Visibility [J]. Safety Science, 2021, 133: 105013.

[8] 王霞, 王岩红, 王少伟, 等. 基于自组织的应急疏散个体间多阶段决策信息传播[J]. 系统工程, 2018, 36(4): 61-68.

[9] 王岩红, 王霞, 王少伟. 改进社会化互动的疏散系统Cell-DEVS建模与仿真[J]. 系统仿真学报, 2018, 30(8): 2928-2941.

[10] Wang Y., Wang X., Traoré M. K. Social Interaction in Pedestrian Evacuation: A Cellular Discrete Event Simulation Approach [C]//Proceedings of the Symposium on Theory of Modeling & Simulation. Society for Computer Simulation International, 2017: 12.

性，应急状态所引发的恐慌情绪及其传播是人群疏散中最重要和最难描述的社会化互动，研究者们的广泛做法是借鉴病毒的传播机理：Dodds等较早地提出以SIR模型为基础的情绪蔓延通用阈值模型SIRS，用个体所受情绪刺激的剂量累积Dt,i及概率定义一个宏观的情绪蔓延机制，但并没有明确情绪传播与记忆累积的具体算法[1]；Bosse等考虑个体之间的情绪表达与性格差异，借鉴热力扩散原理建立社会情绪传播微观模型ASCRIBE，模拟个体情绪动态，但未将情绪蔓延与应急人员个体移动的相互关系纳入模型，即模型中的个体是静态的[2]。当前，越来越多的研究讨论情绪蔓延与行人运动的作用机制：Fu等建立CA-SIRS模型，将宏观SIRS模型转化为微观元胞自动机，并且在模型中集成了个体移动，但未将个体本身的情绪水平纳入模型[3]；著者曾探索性地使用速率变化来表达恐慌情绪的蔓延机理[4][5]；Xu等进行了边界条件下的行人运动及情绪传染的动力学研究，发现了初始消极情绪行人比例、人群密度、情感影响半径和情绪剂量因子等对总体人群情感状态转变的影响[6]。因此，应急疏散建模一方面要嵌入更多的社会化属性和社会化互动因素，另一方面要赋予个体情绪水平，在微观层面上描述个体移动与情绪蔓延的动态关系，这样才能使仿真实验更加贴近现实。

---

[1] Dodds P. S., Watts D. J. A Generalized Model of Social and Biological Contagion [J]. Journal of Theoretical Biology, 2005, 232 (4): 587-604.

[2] Bosse T., Hoogendoorn M., Klein M. C. A., Treur J. Modelling Collective Decision Making in Groups and Crowds: Integrating Social Contagion and Interacting Emotions, Beliefs and Intentions [J]. Autonomous Agents and Multi-Agent Systems, 2013: 1-33.

[3] Fu L., Song W., Lv W., Lo S. Simulation of Emotional Contagion Using Modified SIR Model: A Cellular Automaton Approach [J]. Physica A: Statistical Mechanics and its Applications, 2014, 405: 380-391.

[4] 王岩红, 王霞, 王少伟. 改进社会化互动的疏散系统Cell-DEVS建模与仿真 [J]. 系统仿真学报, 2018, 30 (8): 2928-2941.

[5] Wang Y., Wang X., Traoré M. K. Social Interaction in Pedestrian Evacuation: A Cellular Discrete Event Simulation Approach [C] //Proceedings of the Symposium on Theory of Modeling & Simulation. Society for Computer Simulation International, 2017: 12.

[6] Xu T., Shi D., Chen J., et al. Dynamics of Emotional Contagion in Dense Pedestrian Crowds [J]. Physics Letters A, 2019, 384 (3): 126080.

1.3.5 中国智慧城市应急资源共享平台的发展现状及趋势

1. 现状与问题

中国各级防灾救灾、应急救援信息化系统的建设已经取得了一定的成效，但是仍存在几个主要普遍存在的问题：第一，重复投资，中国各级政府最近十几年在智慧城市建设方面每年投资都在1000亿元以上，其中存在单个部门的重复建设、关联部门的独立建设现象，人口密集的直辖市、省会城市及地级市的城市信息化建设和运维费用（为投入的10%~15%）给各级财政造成一定负担；第二，信息孤岛，存在不同部门的信息系统互不相连的现象，造成数据及信息资源利用率较低，缺乏系统的整合与共享；第三，数据烟囱，即数据的保存成本过大导致数据保存时间短暂，为1~3个月，造成数据资源的损失[①]。另外，应急响应层级设计存在局限，目前，上海乃至全国的应急管理响应机制，在决策制定层与决策执行层之间普遍缺乏一个科学、快速、可视化、可交互的决策支持辅助层级。

2. 发展趋势

首先，以"雪亮工程""智慧公安""智慧交通""平安城市（天网）"和"应急广播"等智慧城市工程建设为契机，构建区域信息、信息传输、信息存储、信息分析处理等一体化数据共享平台，其目标是构建智慧应急救灾的大数据综合管理平台；其次，将云计算、人工智能、物联网等技术广泛应用于城市应急系统的计算与优化，尤其应用于应急事件与疏散系统的仿真中，会显著降低投资与运维等费用；最后，考虑大数据技术在公共事业领域的应用，其新技术的初创、孵化阶段的商业化与市场化运营也在稳步的发展中，尤其是诸如城市地理信息系统与城市建筑信息系统的大数据建设，例如，鲁班软件旗下班联数城推出的数字城市CIM平台（CityEye），集成了"BIM+GSD（地球空间数据）+IoT（物联网）"三大数据源，可连接外部行业领域的数据库，通过整合云计算、大数据、人工智能等技术，实现城市级海量数据承载与处理。

---

① 叶甜春,赵德均,钱洪伟. 基于大数据与物联网视角的应急资源共享平台设计探索[J]. 安全, 2018, 39（12）: 32-36.

1.3.6 述评与展望

纵观国内外学者的研究可以发现以下问题：①现有系统模型对个体行为及移动规则，疏散环境信息、行动决策信息、情绪信息的传播等定义与描述仍存在粗糙的方面，智能程度不够；②系统模型的构建视角依然受到层次限制，准确、可视的多范式建模与仿真技术在应急疏散领域的应用尚不充分；③面向智慧城市，BIM模块和基于IFCs标准的数据共享平台与城市应急疏散系统的协同建模有待尝试；④利用计算机仿真技术解决城市安全与危机管理等一系列社会科学领域的实际问题的方法与实践需进一步丰富；⑤基于城市大数据共享平台的应急疏散响应机制的构建亟须优化。

1.4 研究方法与技术路线

1.4.1 研究方法

1. 文献研究

采用文献追溯的研究方法，梳理和总结智慧城市、大数据共享平台、应急疏散的概念与前沿技术，了解系统建模与仿真的前沿技术及其云计算、协同仿真、机器学习等信息科学技术。搜索近年来国内外城市大数据共享平台的建设案例与发展趋势相关的文献、规划报告和商业化前景等调研数据资料，为项目的后续研究奠定理论基础。

2. 案例研究

通过对各国、各级政府的智慧城市建设、大数据共享决策支持平台、应急疏散响应机制的规划报告、咨询机构相关行业报告，以及相关部门参与决策制定与执行的专业人员的调研与访谈，结合近年世界范围内发生的应急疏散事件，对美国、欧洲、日本、韩国等地，以及中国人口密度较高、信息化建设较好的城市进行现状与发展趋势分析，探索适合上海智慧城市建设的道路。

3. 实验观察与访谈调研

以国内外近几年应急灾害事件、程序性疏散演练为调研与观察目标，分析应急疏散中自组织行为的特征与机理，包括个体多阶段决策的划分，行人模仿、规避或折中等行为转变的复杂性，常态行人运动表现出的一般规律，如自动渠化、"瓶颈"震荡、十字路口的动态等，恐慌状态下"加热冻结"、拱形分布、"越快越慢"、幻影恐慌、忽略有效出口等群体表现，为物理或社会属性的参数定义、仿真实验的结果效度分析奠定基础。以政府相关部门的决策制定与执行等相关专业人士为访谈对象，分析现阶段上海应急疏散响应机制存在的问题与决策有效执行的瓶颈等，为城市大数据共享平台建设与应急疏散响应层级体系设计的可行性奠定基础。

4. 系统建模仿真

运用常微分方程、有限状态自动机、元胞自动机、离散事件系统规范、元胞离散事件系统规范（Cell-DEVS）等一系列模型开发、验证及优化技术，基于城市大数据共享平台、程序性疏散演练实验结果，后期可构建机器学习训练模型。目的是对城市大数据进行分析与挖掘，一方面对仿真实验进行有效的模型检验，另一方面实现基于数据或经验的算法改进。

1.4.2 技术路线

技术路线如图1-3所示。

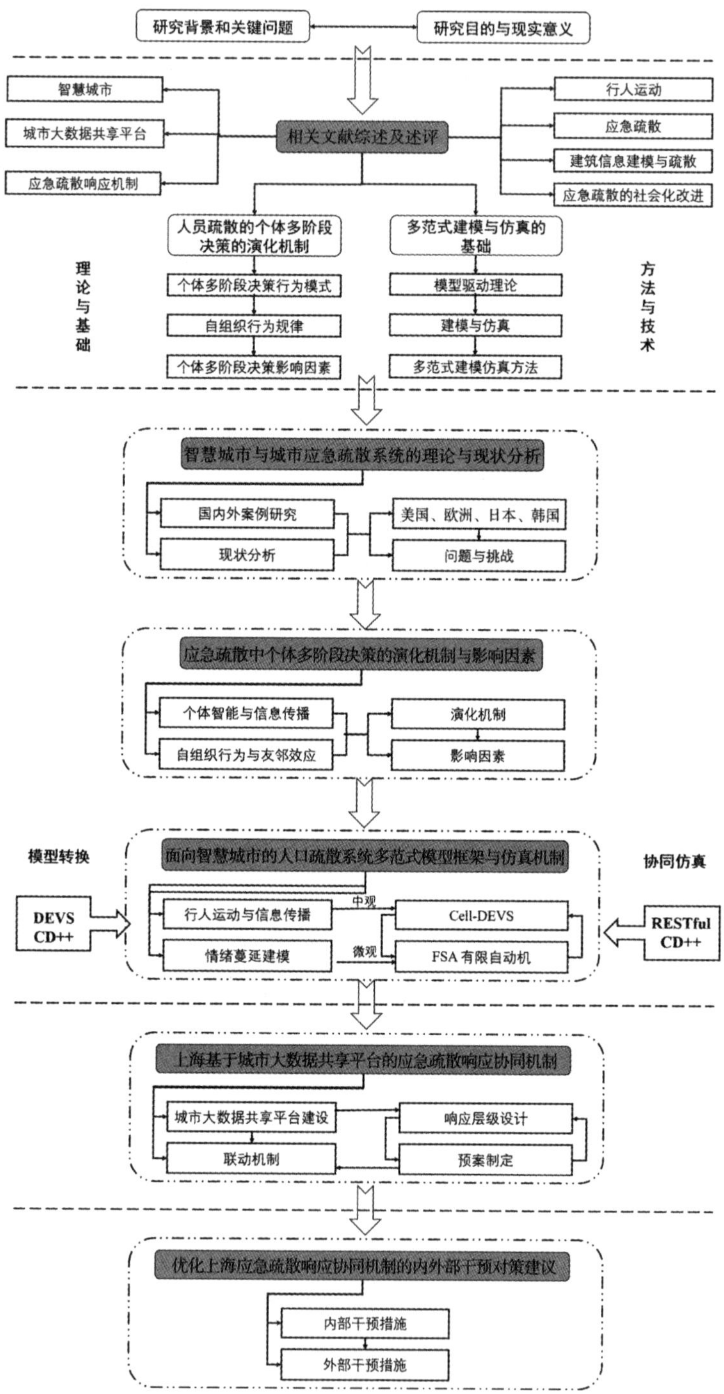
研究背景和关键问题
研究目的与现实意义
智慧城市
城市大数据共享平台
应急疏散响应机制
相关文献综述及述评
行人运动
应急疏散
建筑信息建模与疏散
应急疏散的社会化改进
理论与基础
人员疏散的个体多阶段决策的演化机制
个体多阶段决策行为模式
自组织行为规律
个体多阶段决策影响因素
方法与技术
多范式建模与仿真的基础
模型驱动理论
建模与仿真
多范式建模仿真方法
智慧城市与城市应急疏散系统的理论与现状分析
国内外案例研究
现状分析
美国、欧洲、日本、韩国
问题与挑战
应急疏散中个体多阶段决策的演化机制与影响因素
个体智能与信息传播
自组织行为与友邻效应
演化机制
影响因素
模型转换
面向智慧城市的人口疏散系统多范式模型框架与仿真机制
协同仿真
DEVS CD++
行人运动与信息传播
情绪蔓延建模
中观
微观
Cell-DEVS
FSA 有限自动机
RESTful CD++
上海基于城市大数据共享平台的应急疏散响应协同机制
城市大数据共享平台建设
联动机制
响应层级设计
预案制定
优化上海应急疏散响应协同机制的内外部干预对策建议
内部干预措施
外部干预措施

图1-3　技术路线

2 智慧城市与城市应急疏散系统的发展现状

首先,通过文献研究、政策解读等方式梳理智慧城市与应急疏散的基本理论,探索二者的内在联系;其次,借鉴美国、欧洲、日本、韩国等地的城市大数据共享平台的建设经验,对比国内城乡一体化信息综合平台、可视化辅助决策平台等的建设情况,分析诸如重复投资、信息孤岛、数据烟囱、应急部门沟通协调不足、平台体系建设不足和应急响应机制层级设计缺陷等问题;最后,解析大数据的技术优势,分析基于城市大数据共享平台的应急疏散响应决策机制构建的可行性。

2.1 核心概念界定

2.1.1 智慧城市

"智慧城市"的概念起源于2008年国际金融危机,在这一背景下,IBM公司首先提出的"智慧地球"概念,随后被奥巴马(贝拉克·侯赛因·奥巴马,Barack Hussein Obama)政府认可并提出"建设智慧地球,从城市开始"的理念。智慧城市的定义是运用信息和通信技术手段感测、分析、整合城市运行核心系统的各项关键信息,从而对包括民生、环保、公共安全、实现城市服务、工商业活动在内的各种需求做出智能响应。智慧城市的内涵包括3个方面:一是有助于缓解当前因为城市扩大、城镇化水平加速等一系列现状所产生的"大城市病",从而提升城市管理的效率并且最终改善居民生活质量;二是"智慧城市"是集合物联网、大数据、云计算等新一代信息技术,将人们生活中的信息互联互通起来,包括公共交通、公共医疗、城市服务、共享服务、工商活动等；三是，互联互通的智慧城市，运用信息和通信技术手段感测、分析、整合城市运行核心系统的各项关键信息，可以优化资源配置，加快政府的响应机制，实现城市生活的高度智能快捷化。2018年3月，一项由英特尔赞助的Juniper Research调查研究在出行、医疗、公共安全和生产力四个方面对全球20大智慧城市进行了排名。上榜的城市分别为：新加坡、伦敦、纽约、旧金山、芝加哥、首尔、柏林、东京、巴塞罗那、墨尔本、迪拜、波兰、尼斯、圣地亚哥等，其中，中国无锡、银川、杭州上榜，分列第17、18、20位。

2.1.2 智慧城市大数据共享平台

目前，智慧城市大数据共享平台按照一云、一引擎、四大主题库、一门户、三大典型应用的思路构建[1][2]，具体如下。

1. 一云：基于统一的云管理平台搭建政务服务内网云、外网云、灾备云，建设基于云计算技术的智慧城市大数据开放共享的基础支撑环境。

2. 一引擎：基于用户上下文的授信模型、大数据资源统一注册框架、大数据统一访问接口、大数据统一管理框架、大数据统一业务框架等技术，建设大数据统一驱动及管理引擎，为上层应用提供大数据支撑服务。

3. 四大主题库：基于大数据引擎采集的数据构建智慧城市公开信息大数据库、市政地理信息大数据库、政企业务信息大数据库及行业领域大数据库，共四大主题库。

4. 一门户：建设一个经过授权及验证的政府服务可信应用门户，发布经审核授权的开发商提供的智慧城市应用，包括移动端和Web端，为用户提供安全的应用下载机制，提供用户对应用的评价机制。通过市场机制促进应用的优胜劣汰。

5. 三大典型应用：通过应用门户提供围绕智慧城市的城市信息公开及定制、城市业务服务、城市公共服务，共三大类典型应用示范。

---

[1] 孙傲冰，季统凯. 面向智慧城市的大数据开放共享平台及产业生态建设[J]. 大数据，2016，2（4）：69-82.

[2] 齐力. 公共安全大数据技术与应用[M]. 上海：上海科学技术出版社，2017.

2 智慧城市与城市应急疏散系统的发展现状

智慧城市大数据共享平台建设案例如图2-1所示。

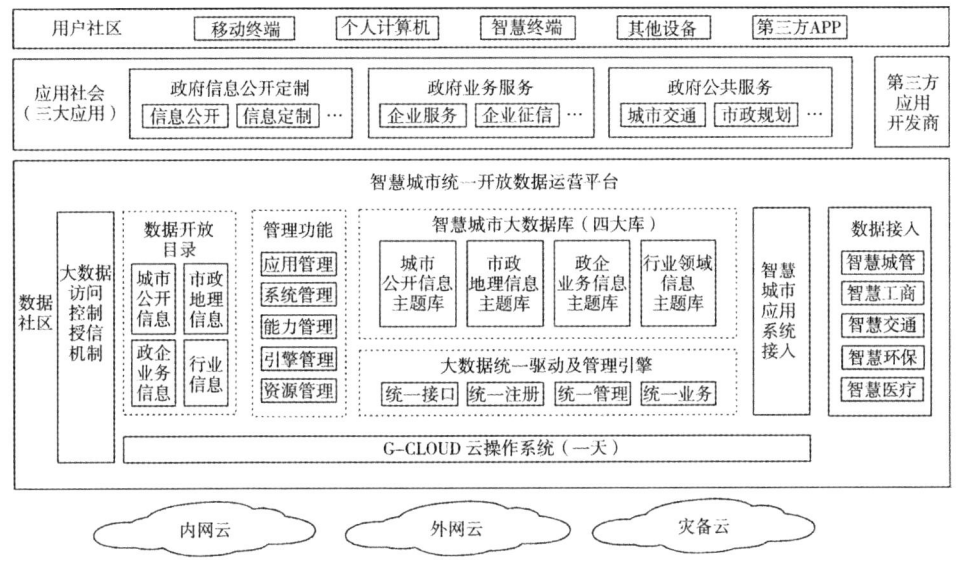

图2-1 智慧城市大数据共享平台建设案例[①]

资料来源：2017年8月建筑科技与管理学术交流会论文集。

2.1.3 应急响应协同机制

1. 应急机制

对于"应急机制"的概念，国家减灾委员会专家、国务院应急管理专家组组长闪淳昌教授的观点最具有代表性。闪教授认为应急机制应该分为"事前、事发、事中和事后"4个阶段。具体如下。

（1）事前阶段：事前阶段也称为预防与应急准备阶段，该阶段包括"社会管理机制、风险防范机制、宣传教育机制、社会动员机制"这4个机制。

（2）事发阶段：事发阶段也称为监测与预警阶段，该阶段包括"事件监督机制、事件研判机制、信息报告机制、国际合作机制"这4个机制。

（3）事中阶段：事中阶段也称为应急处置与救援阶段，该阶段包括"先

---

① 王挺. 大数据共享平台实现智慧城市的建设方案［A］.《建筑科技与管理》组委会.2017年8月建筑科技与管理学术交流会论文集［C］.《建筑科技与管理》组委会：北京恒盛博雅国际文化交流中心，2017：3.

期处理机制、快速评估机制、决策指挥机制、协调联通机制、信息发布机制"这5个机制。

（4）事后阶段：事后阶段也称为恢复重建阶段，该阶段则包括"恢复重建机制、救助补偿机制、心理救援机制、调查评估机制、责任追究机制"这5个机制。

首先，建立应急机制的目的就是监测、预防、化解、平复危机，通过在事前监测预防，及早发现危机隐患征兆，为后面的应对工作提供准确的整改依据，将危机隐患及时消除于萌芽状态，避免事故恶化；其次，在事故跳过预防阶段对社会造成冲击，社会秩序混乱，社会组织、成员之间的利益、矛盾各有不同的状况下，应急机制在处置中可以按照轻重缓急的次序协调各种组织人员的利益和矛盾，规范危机中的社会秩序；最后，应急机制能够组织发动有关力量快速有力地进行城市的恢复重建，对发展城市、提升社会管理水平有着举足轻重的作用。

2. 协同机制

根据经济合作与发展组织（Organization for Economic Cooperation and Development，OECD）的观点，协同机制主要分为"结构性协同机制"和"程序性协同机制"两大类。前者侧重政策协同过程中的组织载体，即为实现政策协同而设计的结构性安排；后者则侧重于实现政策协调的程序性安排和技术手段，突出体现各个不同系统之间运转的顺畅衔接，政策执行在横向及纵向方面的有效延续传递[①]。"跨部门协同机制"则指有效协调政府各个部门之间，以及部门与地方政府之间关系的各种组织结构、制度及其运行方式的总称。

3. 应急协同响应机制

"应急协同响应"可以定义为应急管理机制中的核心构件，主要是指突发事件应急管理系统内在特有的互动协作结构及其运行原理，是决定应急管理社会效益的核心工作机制，主要由组织机构、决策程序标准、信息共享和补救干预机制组成。要有效研究突发事件中各部门的应急协同机制，就要以协同机

---

① 王晓科. 区域教育公共服务支持组织间合作网络研究[M]. 上海：上海教育出版社，2015.

制为出发点和理论基础,糅合应急机制和协同机制两个方面的特点。

本研究的主要研究对象为应急事件"事前、事发、事中和事后"4个阶段中,多主体、跨部门的协作结构及运行原理,尤其是借助城市大数据共享平台上的信息进行人员疏散的决策制定和干预等机制。

2.2 国外智慧城市及应急响应机制发展路径及特征

全球许多不同的国家和政府基于互联网技术提出了城市未来发展计划。例如由联合国主导的"2012全球脉冲计划",即利用大数据分析技术来支持特定区域的社会问题的解决,其中包含了城市安全与风险管理的项目,比如地中海地区的救援模式、人工智能与应急救援、大数据挖掘与地方政府决策能力提升、数据监测自然灾害前后的社会反馈等。近年来,随着全球智慧城市建设的迅猛发展,政府数据的共享与开放也引起了各国政府的重视。2016年4月21日,由互联网之父蒂姆·伯纳斯-李(Tim Berners-Lee)创办的万维网基金会发布了《全球开放数据晴雨表报告》,报告采用准备度、执行力和影响力3个维度对多个国家开放政府数据的所处阶段及其产生的经济、政治和社会影响进行了系统评估,报告显示欧美国家在数据开放排名中总体靠前,中国排第55位。欧美等国在政府数据共享与开放方面的相关做法值得中国借鉴和学习[1][2]。

表2-1 《开放数据晴雨表》排名前10位的国家和中国的各项指标得分

国家	排名	排名变动	准备度得分	执行力得分	影响力得分	综合得分
英国	1	——	100	100	100	100.00
美国	2	——	97	76	76	81.89
法国	3	2↑	97	76	74	81.65
加拿大	4	3↑	89	84	67	80.35
丹麦	5	4↑	77	77	78	76.62

---

[1] 佟大柱.欧美政府数据共享经验对我国智慧城市建设的启示[J].电脑知识与技术,2018,14(29):32-33.
[2] 姜鑫,马海群.开放政府数据评估方法与实践研究——基于《全球开放数据晴雨表报告》的解读[J].现代情报,2016,36(9):22-26.

续表

国家	排名	排名变动	准备度得分	执行力得分	影响力得分	综合得分
新西兰	6	2↓	87	62	87	76.35
荷兰	7	1↓	90	69	70	75.13
韩国	8	9↑	95	64	58	71.19
瑞典	9	6↓	88	60	64	69.26
澳大利亚	10	——	84	77	39	67.99
中国	55	9↓	45	15	8	21.16

2.2.1 美国

1. 智慧城市建设项目

1993年9月，美国政府发表了"国家信息基础设施行动动议（National Information Infrastructure，NII）"，即要求在全美建成通达全国各地的信息高速公路，为每个人所用的信息设备提供接入NII的能力，凭借这种能力，可以把人、家庭、学校、图书馆、医院、政府与企业一一关联起来，可以获得各种各样公用和专用的信息资源，达到传送音频、数据、图文、视像和多媒体等各种形式的信息的目的；次年美国又提出了"全球信息基础设施行动计划（Global Information Infrastructure，GII）"，目的是推动联合建立GII行业标准、相关政策和全球加入准则。上述计划成就了全球首个智慧城市，位于美国中西部艾奥瓦州的迪比克市，该智慧城市由政府与IBM共同建设，利用城市大数据将城市资源数字化并相连，以便进行数据检测、分析和整合，并据此辅助政府部门做出一系列及时、准确的响应政策，以解决能源、交通、居民安全与健康等民生问题。目前，在全球10大智慧城市中，美国占据4席，除了迪比克还包括纽约、旧金山、芝加哥。

2. 大数据平台建设路径

美国在城市大数据共享建设中以法律政策作为引导，以统一平台架构的搭建作为载体，以"全方位、多层次、多形式"的运作模式作为手段，以需求为导向，集合政府合作、政企合作和政民合作3种方式，将政府主导、企业运作、民众参与贯穿于整个数据开放行动之中。这种运作模式既减轻了政府压力,又调动了企业与民众参与的积极性,使得整个美国的数据开放进程不断处于自我成熟和螺旋上升之中。

3. 应急响应体系建设

美国作为一个突发事件频发的国家,自冷战结束之后就不断完善应急响应体系。美国的应急管理组织体系分为3层:美国国土安全部〔Departmentof Homeland Security,DHS,其中包括联邦应急管理署(The Federal Emergency Management Agency,FEMA)〕、州、县、市应急管理机构(负责管辖区内突发事件的处置,是本区域紧急事件的指挥中心)、社区应急管理服务机构。自1992年以来,美国总体应急预案经历了4次重大修订:1992年,《联邦响应预案》(Federal Response Plan,FRP);2004年,"9.11"事件以后,美国各级政府基于"共同应对"理念,撰写《全国响应预案》(National Response Plan,NRP);2008年,经历了卡特里娜飓风之后,联邦政府修订了NRP,变成了《全国响应框架》(National Response Framework,NRF),"框架"为"预案"带来的最大改变是强调在预防、减除、保护、响应、恢复5个领域的作用,并以这5大框架来建立相应的"预案"。传统的"预案"主要是指响应预案,是对未来将要发生的突发事件的预防性方案[①②③]。

美国的应急响应体系的特点包括以下几点。

(1)"统一管理":自然灾害、技术事故、恐怖袭击等各类重大突发事件发生后,一律由各级政府的应急管理部门统一调度指挥,而平时与应急准备相关的工作,如培训、宣传、演习和物资与技术保障等,也归口到政府的应急管理部门负责[④]。

(2)"属地为主":无论事件的规模有多大,涉及范围有多广,应急响应的指挥任务都由事发地的政府来承担,联邦与上一级政府的任务是援助和协调,一般不负责指挥,因此,地方政府在应急中起着决定性作用[⑤]。

---

① 王俊东,杨涛.国内和国际应急机制的比较[J].河北联合大学学报(社会科学版),2014,14(4):22-25.
② 张爱军.公共安全应急管理教程[M].徐州:中国矿业大学出版社,2016.
③ 李雪峰.美国国家应急预案体系建构及其启示[J].中国应急管理,2012(7):14-19.
④ 高芙蓉.突发公共事件应急管理[M].北京:经济科学出版社,2014.
⑤ 王延章,叶鑫,裘江南.应急管理信息系统 基本原理、关键技术、案例[M].北京:科学出版社,2010.

（3）"分级响应"：分级响应强调的是应急响应的规模和强度，而不是指挥权的转移。确定响应级别的原则：一是事件的严重程度，二是公众的关注程度[1]。

（4）"标准运行"：从应急准备一直到应急恢复的过程中，都要遵循标准化的运行程序，包括物资、调度、信息共享、通讯联络、术语代码、文件格式乃至救援人员服装标志等，都要采用所有人都能识别和接受的标准，以减少失误，提高效率[2]。

表2-2 美国政府出台的数据开放相关政策法规与大数据平台建设政策措施

时间	事件
1993	克林顿（威廉·杰斐逊·克林顿，William Jefferson Clinton）政府启动"政府绩效评估"计划，政府绩效考核的一项法定内容就是跨部门合作机制的建设
1997	按照《信息自由法》的要求建立了FedStats.gov网站，全方位公开联邦政府的统计数据，包括经济数据、人口趋势数据、教育数据、公共卫生方面的数据等
2002	小布什（乔治·沃克·布什，George Walker Bush）政府公布了新的数字政府治理战略
2004	致力于分析联邦政府业务结构的特别工作组成立，美国数字政府治理过程中出现的职能交叉、效能不够高等问题得到有效解决
2006	全民性、集成性的电子福利支付系统得以构建；全国性、整合性的网络接入和信息内容服务系统稳定运行；全国性的执法和公共安全咨询网络已经建
2006	根据《联邦资金问责和透明法案》，建立了USAspending.gov网站，公布政府开支信息，告诉公众他们所缴纳的税是如何被政府使用的
2007	美国政府官方网站进行了改组。美国联邦政府及地方政府还制定了一系列法律法规以保障数字政府治理的推进有法可依
2009	奥巴马签署了《透明与开放的政府备忘录》，从国家战略的高度鼓励政府各机构之间及政府与私人机构之间进行合作，以提升政府工作效率
2009	根据《美国复苏与再投资法》，美国国家政府数据开放门户Data.gov正式发布，其提供的开放数据服务不仅包括政府部门的原始数据、国家地理信息等公共数据，而且提供了机读格式供用户下载使用，同时网站上还提供多种数据分析工具，用以鼓励社会组织及公众对政府开放的数据进行开发利用，不仅从根本上消除了政府和公众之间信息不对称的问题，而且还创造了新的商业机会和就业机会
2010	美国联邦首席信息官会议发布了联邦数据中心整合提案，至该年底，一共公布了25条提议。白宫根据提议于本年12月9日发布《联邦信息技术管理改革实施计划》

---

[1] 杨隽,董希琳.公共危机应急救援力量体系研究[M].北京:中国人民公安大学出版社,2013.

[2] 杨隽,董希琳.公共危机应急救援力量体系研究[M].北京:中国人民公安大学出版社,2013.

续表

时间	事件
2012	美国联邦政府发布《信息技术共享服务战略》，其最重要的目标是延续开放政府计划。这一战略主要包括两方面的内容：实施计划和主要内容；执行组织框架和保障措施。其中可共享的IT服务包括三类：商业化服务，以外包方式实现；任务型服务，为政府的核心业务提供支持；支持性服务，涵盖所有的后台管理业务
2013	奥巴马签署第13642号总统行政令，对联邦大数据管理工作提出新准则，提出在保护好隐私安全性与机密性前提下，将数据公开化及可读写化纳入政府的义务范围
2014	《大数据：把握机遇，维护价值》的报告，阐述了大数据带来的机遇与挑战。报告认为，大数据技术为美国经济、人民的健康和教育、能源利用率以及包括信息安全在内的国家安全等提供了难得的机遇。同时，报告也指出了大数据为美国隐私保护、信息安全和社会发展带来了新的挑战。这些战略框架基本都考虑了大数据对既有法律制度的挑战和相应对策
2015	美国颁布了《第三份开放政府国家行动计划》
2015	美国国会讨论修改《信息自由法》的S.337和H.R.653议案，主要增加数据公共开放。国会和学界讨论的要点包括：提高政府记录的电子可获取性、明确可以请求获得政府部门内部和跨部门备忘录和函件等相关信息的权利、统一政府部门搜索和复印文件的收费标准、要求政府部门有义务告知被拒绝的申请人以复议程序
2016	发布《联邦大数据研究与开发战略计划》，旨在进一步加强美国政府数据共享与开放，促进美国透明政府建设

资料来源：文献资料整理①②③④⑤⑥。

表2-3　美国基于智慧城市或大数据平台在应急管理领域的项目或计划

计划/项目名称	要点
"智慧城市水管理系统"	通过对水资源的整体分布、流量、水质、污染情况和使用情况等实时感知监控和可视化管理，获取及时、准确、海量的数据，并对这些数据进行综合分析和优化评估，有助于政府、水务部门、自来水公司、污水处理厂和其他市政部门快速做出资源调配和优化决策，实现水资源智能和高效利用，同时对管网故障和污染事件等做出快速描述、分析和评估，并制订相应的应急方案，启动应急系统，将灾害损失程度降到最低

---

① 佟大柱.欧美政府数据共享经验对我国智慧城市建设的启示[J].电脑知识与技术,2018,14(29):32-33.
② 张茉楠.全球数据开放战略的路线图[N].华夏时报,2015.11.27.
③ 孙静.大数据 引爆新的价值点[M].北京:清华大学出版社,2018.
④ 金鑫,张政,郭莉.美国利用大数据加强信息安全建设的主要做法探究[J].信息安全与通信保密,2014(10):54-58.
⑤ 王少泉.美国数字政府治理经验在我国的应用分析[J].天中学刊,2018,33(5):5-11.
⑥ 宋志红.大数据对传统法治的挑战与立法回应[J].经济研究参考,2016(10):26-34.

续表

计划/项目名称	要点
2012年救灾物资投放计划	通过物联网、互联网和计算机系统可以准确地分析灾情进展、救灾物资需求数量和投放地点，查看应急物资储备和补给供应情况，和消防、交管、医疗等多部门协作，实施综合指挥，妥善处置灾情并力争使灾后损失最小
美国哈德逊河生态保护计划	哈德逊河生态保护计划是利用新一代技术实现资源指挥管理和环境灾害预防的例子。为了保护哈德逊河流域的生态环境，IBM制订了新一代水资源管理和环境保护的解决方案，通过分布传感器网络对哈德逊河从上游到入海口实施实时监控，获取流域变化的各种实时数据，在此基础上，利用新一代技术对数据进行检查分类、综合分析和评估，并建立可视化的虚拟系统和决策系统，从而帮助相关部门实时观察流域内水资源利用、生态系统变化和污染等情况，并根据生态环境保护的要求修订区域发展政策或针对环境灾害启动应急系统
电子监听计划（PRISM）	美国政府建立的巨型计算机中心，根据法律的需求，跟踪数据或者某个计算机用户进行查询，查询数据会返回巨型计算机中心进行数据分析，是一个全国性的大数据项目
2012奥巴马大数据计划	美国政府投资2亿元的大数据研究计划，目标是将自身拥有的大数据能力应用于科学发现、环境和生物研究、教育，以及国家安全，用于培养下一代的数据科学家，并且寻求语言和文本数据分析能力的100倍提升，有6家政府机构参与了这个项目，关注点在健康和福利、环境和可持续发展、应急响应、制造业、安保、交通运输、教育
西海岸海底活动监测项目	坐落在美国西海岸的海洋气象观测台，把光纤铺设到海底，持续收集数据，之后把数据返回地面站点进行分析，以了解海底的活动情况，如海底地震，中国东海岸有类似项目
美国大选网络舆情	2012年nate silver运用不同来源的信息进行了大数据分析，来源包括博客、新闻稿、广播、报纸等，运用数据分析进行了非常准确的预测，包括哪些州会有多少代表投票给奥巴马或者其竞争对手，预测与最后的真实结果十分接近
2009年流感预测项目	预测流感爆发，网络信息搜索出现大量的诸如"流感症状""流感治疗方法"这类关键词，几周后，急诊流感数量会大增，如果搜索集中在几个区域，则这几个区域会出现明显的流感爆发

资料来源：文献资料整理[1][2][3]。

---

[1] 丁国胜, 彭科. 美国智慧城市管理关键应用及其友好数据支撑系统[J]. 城市建筑, 2018(12)：61-65.
[2] 中国工程院. 智能系统：城市、信息与机器人 英汉对照[M]. 北京：高等教育出版社, 2016.
[3] 史璐. 智慧城市的原理及其在我国城市发展中的功能和意义[J]. 中国科技论坛, 2011(5)：97-102.

（5）"智慧决策"：面对越来越多的环境灾害和突发事件，智慧城市运用其海量数据和快速响应、决策能力，可以高效地对各类环境灾害发展的范围、强度和破坏能力等进行预测、监控、规划和响应，提高城市应急能力。

2.2.2 欧洲

1. 智慧城市建设项目

2009年9月，欧盟委员会（European Commission）要求，将环境监测（包括地震、飓风、森林火灾、洪水、空气及水污染等）、建筑物监控（水和天然气泄漏、火灾、震动等）、人员的隐私保障与人身安全等智慧城市建设范畴的重要内容纳入"2020年欧洲战略"发展重点内容，并制定了物联网战略研究路线图（Internet of Things Strategic Research Roadmap），路线图提出了社会、城市和人民的融合发展的关键在于电子政务的建设。例如欧盟的"地平线2020（Horizon 2020）计划"始于2014年，初衷是为了发展科研和创新策略来指引大数据经济的成功践行，关注高新技术、业界领袖能力和社会学挑战，1亿欧元的投资，ICT15较为关注科学研究，研究大数据和开源数据，ICT16更加关注技术、基准和支持配套。2013年英国宣布投资1.9亿英镑的大数据项目，主要针对医疗、农业、商业和学术研究，伦敦作为全球第二大智慧城市，其推出的"智慧可持续公园——伊丽莎白女王奥林匹克公园"项目，面积超过45公顷，包含了5个世界级的体育场，1万套新住宅，一个大学区，一个数字媒体中心，以及一些其他的特色建筑，该公园本身是一个低碳的冷热调节网，利用自然环境的特性来保持生物多样性，减少洪涝风险，在监测中，不断提高人群管理、环境感知、社区建设及游客互动的智慧程度。法国投资1100万欧元开启7个大项目，其中之一为大数据项目。瑞典的智慧城市建设在交通系统中得到了显著体现，通过收取"道路拥堵税"，减少交通流，降低交通拥堵和排队时间，并减少废气排放等。爱尔兰戈尔韦湾（Galway Bay）的Smart Bay项目，从安装在数百个浮标上的传感器获取信息，从而预防渔船相撞、预警洪水，以及开展C2B的销售服务等。目前，欧洲智慧城市建设成果较为显著的城市包括柏林、巴塞罗那、格洛斯特、阿姆斯特丹、斯德哥尔摩、哥本哈根等①②。

2. 大数据平台建设路径

欧盟针对大数据共享建设颁布了一系列数据开放政策，截至到2017年，欧盟国家中有26个都已经建立了国家级开放政府数据门户，欧洲的政府数据开放模式为跨国共建共享，这个模式包含4个要素，分别是统一的政策指引方向（"欧盟2020发展战略"）、财政资金的同步跟进（"竞争与创新计划""连接欧洲设施"）、专业完备的培训机制（在线学习与多语言学习资源）和对数据门户质量评估的重视（"开放数据检测器"、《欧洲开放数据成熟度》评估等），通过跨国共建共享，整个欧洲的政府数据开放逐渐形成了一套成熟完善的数据管理体系。欧州政府出台的数据开放相关政策法规或监管措施如表2-4所示。

表2-4 欧洲政府出台的数据开放相关政策法规或监管措施

时间	事件
2003	欧盟在2003年颁布了《公共部门信息再利用指令》（2003/98/EG）
2006	欧盟通过了《信息再利用决议》（2006/291/EC）
2006	德国颁布了《信息再利用法》（IWG），当时大部分欧盟成员国仍处于信息公开的初步立法阶段，而且社会与个人对数据的需求没有现在这般强烈，所以该指令与德国的转换立法在实践中产生的效果甚微
2010	欧盟委员会发布了"欧盟2020：智慧、可持续和包容性增长战略"，即"欧盟2020发展战略"，计划通过政府公共数据的开放来激发公众创新能力，从而刺激经济增长
2011	欧盟委员会发布了《开放数据：创新、增长和透明治理的引擎》报告，提出了政府数据开放战略的一些具体举措
2011	欧盟在推进数据开放战略中明确提出要修改指令2003/98/EG和决议2006/291/EC。立法和学界讨论的要点包括：所有来自公共部门的文件均可用于任何目的（商业性或非商业性），除非受到第三方版权保护；除非有正当理由，大部分公共部门的数据都将免费或收取极少费用；强制要求提供通用机读格式的数据，确保数据的有效再利用；引入监管机制，保证原则的执行；数据开放范围将覆盖图书馆、博物馆、档案馆等更广泛的组织
2011	欧盟建立"开放数据门户"（PublicData.eu）

---

① 王子琦,拜克明,王海明,王新铭,郑珂,拜林,梁栋,苏晨飞,张峰源,汤立志,张永喜,颜廷君,孔慧欣.智能电网与智慧城市[M].北京:中国水利水电出版社,2015.

② 中国工程院.智能系统:城市、信息与机器人 英汉对照[M].北京:高等教育出版社,2016.

续表

时间	事件
2012	欧洲委员会提出《云计算发展战略及三大关键行动建议》，三大关键行动为：①规范和简化的云计算标准；②云计算安全和公平的合同条款及条件；③建设欧盟云计算伙伴关系，驱动创新和增长。其他的具体行动举措还包括：数据保护、网络安全、信任举措、云计算互操作性、宽带部署、在线服务、公共行业首先参与云计算和国际对话与合作等
2013	欧盟建立"欧盟开放数据门户"（European Union Open Data Portal，ODP）
2013	欧盟通过指令2013/37/EU对指令2003/98/EG进行了修改
2013	建立泛欧洲的数据门户网站，允许访问整个欧盟自2011年起所有成员国的数据，保证公众可以自由获取这些创新资源
2014	发布了《数据驱动经济战略》，为欧盟恢复经济增长和扩大就业，做出巨大贡献。欧盟在大数据方面的活动主要涉及两方面内容：①研究数据价值链战略计划；②资助"大数据"和"开放数据"领域的研究和创新活动
2014	德国为了落实欧盟2013年指令和履行2013年加入的G8《开放数据宪章》的承诺，2014年9月17日公布了"数字行政2020"计划。该国数据开放分为两步：一是落实联邦《信息自由法》的规定，继续消除公民获取国家信息时的法律障碍，研究内容包括信息公开的宪法依据（民主原则、法治原则、基本权保护）、公共行政范式变迁（透明、合作和参与）、行政法中的阅卷权、信息公开请求权、信息公开的例外（国家秘密、商业秘密、个人信息保护等）。二是落实如何再利用从公权力机关处获取的数据
2015	欧盟委员会启动了"欧洲数据门户"（European Data Portal，EDP）的测试版，EDP通过收集欧洲各国政府的数据资源，经过数据整合和格式转换后统一对外进行数据发布，成为欧洲统一的数据开放门户，大大提高了整个欧洲地区的政府数据流通性和可获取性
2015	欧盟正式颁布了"数字单一市场"战略，目的是实现欧盟国家之间数据的自由流动

资料来源：文献资料整理[1][2][3][4][5]

3. 应急响应体系建设

欧盟国家接连遭遇大规模突发事件冲击，进一步深化了欧盟在这方面的认识，各成员国对此逐渐达成了共识。2006年6月欧盟创建了突发事件与危机

---

[1] 武琳,伍诗瑜.欧洲开放政府数据合作模式与实现——跨地区共建共享典范[J].情报资料工作, 2017（4）：75-80.
[2] 张茉楠.全球数据开放战略的路线图[N].华夏时报, 2015.11.27.
[3] 陈绍有.大数据背景下贵州新兴产业发展研究[M].北京：知识产权出版社, 2018.
[4] 康旗,吴钢,陈文静,等.大数据资产化[M].北京：人民邮电出版社, 2016.
[5] 孙一钢.文化大数据应用规划[M].北京：国家图书馆出版社, 2018.

协调协定（CCA），并于2013年6月进一步将其升级为综合性政治危机应急响应机制（IPCR），主要用于协调各成员国共同应对欧盟内部的跨国性大规模突发事件，以及应其他国家的请求，对外派遣国际救援队伍参与救灾行动。欧盟每年都会以CCA协定为对象开展应急演练，例如2010年演练的重点是信息和沟通系统，危机场景模拟为在波兰和乌克兰联合举办2010年欧洲冠军杯期间发生生物恐怖袭击。该机制一旦被激活，将会自发召集欧盟委员会主席、受影响成员国常驻代表、欧盟委员会副秘书长和欧盟理事会秘书长并组成危机应对领导小组，配备必要的工作人员。危机应对领导小组的主要职责是在欧盟成员国常驻代表委员会（COREPER）的监督下，评估欧盟面临的灾情形势，检查已采取的应急响应措施，推动各方对当前局势达成共识，建议相关成员国采取集体行动，向欧盟成员国常驻代表委员会和欧盟委员会提交可选方案，在成员国之间扮演需求沟通渠道，保障公共媒体沟通策略得到执行等。

欧盟跨国应急响应体系的特点包括以下几点。

（1）"高规格组织运行框架"：欧盟理事会总秘书处（General Secretariat of the Counil of the EV，GSC）、欧盟委员会和欧盟对外行动署（European External Action Service，EEAS）共同负责保障IPCR机制正常运转，协助欧盟委员会轮值主席从政治控制与战略方向引导角度确保IPCR机制发挥应有的作用。任何一个欧盟成员国都有权向轮值主席申请启动IPCR机制。欧盟理事会总秘书处、欧盟委员会、欧盟对外行动署及相关欧盟机构或其他成员国专家提出的建议，采取相关应急响应措施。

（2）"渐进的应急响应流程"：IPCR机制启动是一个渐进过程，需要经过形势了解、政治协调和决策方案等多个阶段。IPCR机制启动包括日常监测与收集信息、接收成员国支援申请、危机分析、解决方案提出、预先决策、行动方案制定、风险评估、建议征询、结果分析、IPCR机制启动决定。一旦该机制启动，欧盟应急响应协调中心（ERCC）将开启24小时全天值班，联络与协调成员国代表和相关各方共同参与协商与应急处置。

（3）"高效的沟通协商渠道"：欧盟各成员国的危机管理需要各国政府最高级别领导人参与进来，因此IPCR机制被纳入欧盟政治决策范畴，创建了唯一由欧盟委员会直接领导的信息系统，即综合灾情查看与分析系统

(ISAA)。欧盟各方可以通过该系统了解与分析灾情信息。除此之外，在IPCR机制的框架下，欧盟各成员国还可以通过非正式的圆桌会议和欧盟理事会自有网络平台进行危机沟通、快速交流与分享相关信息。

（4）"合理的危机处置原则"：IPCR机制的主要目标是在欧盟范围内通过政治协调等手段有效应对在欧盟境内外发生的恐怖袭击事件或者自然灾害、人为灾难等大规模危机。为此，基于欧盟协议团结条款（Art.222 TFEU），IPCR机制建立了一整套关于危机处置协定的原则。一是灵活升级原则。坚持措施的均衡性，没有严格的启动门槛，启动时不涉及特定的团体，在信息共享、协调联动和决策制定等方面有较大的变化空间。二是整合资源原则。充分利用现有程序和工作团体，而不是替代欧盟成员国职责和现有的相关协定。三是政治协商原则。充分尊重成员国应急管理的自治权，由轮值主席负责控制应急响应的政治战略方向，通过非正式圆桌会议召集所有利益相关者共同制定、完善和补充行动建议。四是核心处置原则。以欧盟成员国常驻代表委员会为核心组织开展相关活动，显示出欧盟将应对大规模突发事件上升到政治层面加以解决的决心与力度。

2.2.3　亚洲

1. 智慧城市与大数据平台建设项目

在亚洲，日本推出了"智慧日本"（2015 I-Japan）战略，将数字信息技术应用于生产和市民生活，并专注于电子政务治理体系的建设，该体系主要包括公共事业服务的3个重要面向，即面向"健康信息服务、教育和人员培训"，日本2012年宣布了面向2020年的综合ICT战略，并宣布2013年成为全球IT技术最先进的国家。韩国首尔制定了"数字首尔（2002—2006）"规划、"智慧首尔2015"（Smart Seoul 2015）计划等，目标是建成"市民满意、世界最好的智能城市"，大力推进市民生活方式智能化、产业智能化、基础设施智能化、政府行政管理自动化，并设有"数字首尔"专项资金；2006年首尔公布"u-首尔"（u-Seoul），使得智慧城市建设上升至国家战略层面；韩国仁川（Inchon）与美国思科系统（CISCO Systems, Inc.）合作，通过集成的公共交流平台，让公众可以轻松实现远程教育、远程医疗和远程税务管理。

新加坡推出了"智能国家2015"计划,该计划将持续10年,政府投资约40亿新元,建成新一代的全国信息、通信和技术(Information and Communications Technology,ICT)基础设施,致力于通过物联网和其他信息技术,实现在某些公共服务区域内的供需双向交互。澳大利亚公共服务大数据策略针对使用大数据进行公共部门的服务改革等[①]。

2. 应急响应体系建设

在预防和应对灾害方面,作为全球较早制定灾害管理基本法的国家,日本建立了完善的应急管理法律体系。《灾害对策基本法》对防灾理念、防灾目的、防灾组织体系、防灾规划、灾害预防、灾害应急对策、灾后修复、财政金融措施、灾害紧急事态等事项做了明确规定,是日本的防灾抗灾的根本大法,有"抗灾宪法"之称。此外,还有各类应急管理法律法规200多部,这些应急管理法律法规使日本在应对自然灾害类突发事件时有法可依。近年来,日本逐步建立了以首相为最高指挥官、内阁官房负责整体协调和联络、通过中央防灾委员会等制定对策、突发事件牵头部门相对集中管理的中央、都道府县、市町村三级应急管理体制[②]。在中央一级,由中央防灾委员会负责制定防灾基本计划和防灾业务计划。在地方一级,由于日本实行地方自治体制,地方根据国家防灾基本计划的要求,并结合本地区的特征,制定本地区的防灾减灾计划。一般情况下,上一级政府主要向下一级政府提供工作指导、技术、资金等支持,不直接参与管理。当发生自然灾害等突发事件时,成立由政府一把手为总指挥的"灾害对策本部",组织指挥本辖区的力量进行应急处置。除地震外,上一级政府通常根据下一级政府的申请予以救援。当重大灾害发生时,首相先征询中央防灾委员会意见,然后决定是否在内阁府成立紧急救灾对策总部进行统筹调度,并在灾区设立紧急救灾现场指挥部,以便就近指挥。内阁府作为应急管理中枢,承担汇总分析日常预防预警信息、制定防灾减灾政策及中央防灾委员会日常工作的任务。各类突发公共事件的预防和处置,由各牵头部门各司其职、各负其责,实行相对集中管理。例如,内阁府牵头无明确主管部门负责事件的应急救援工作,经济产业省牵头负责生产事故的应急救援工作,总务省消

---

① 中国工程院. 智能系统 城市、信息与机器人 汉英对照[M]. 北京:高等教育出版社,2016.
② 钟金花. 他山之石:美国、日本应急管理体系面面观[J]. 湖南安全与防灾,2018(5):20-21.

防厅牵头火灾、化学品等工业事故的应急救援工作[①]。

2.3 中国智慧城市及应急响应机制发展路径及特征

2.3.1 智慧城市建设

中国智慧城市的研究始于2008年,智慧城市的建设以"顶层设计"为起点,随后部分地方政府出台其政策措施,建立标准规范,以提出面向智慧城市的相关城市问题的解决方案。再后来逐步开始面向各个行业的需求,开发相关应用程序,并在北京、上海、深圳和武汉等城市进行试点建设。

2.3.2 大数据平台建设路径

在智慧城市出现之前,中国在电子政务的建设和使用过程中就开始注重政府信息共享问题。但是,超过80%的信息资源是由政府掌握,并且多数不向公众开放,即便是在政府部门之间,信息资源也多为独立、异构和封闭的状态,部门间的互通共享较为匮乏。大数据技术的出现,为改善政府信息资源的应用、建立信息资源的部门共享机制带来了机遇[②]。表2-5列出了中国政府出台的数据开放相关政策法规或监管措施。

表2-5 中国政府出台的数据开放相关政策法规或监管措施

时间	事件
2002年	《国家信息化领导小组关于我国电子政务建设指导意见》就对部门之间的信息共享提出了原则要求,随后的几年中国又陆续发布了多个文件对政府的信息共享在制度和方式上进行了进一步的细化和规范
2012年	《"十二五"国家政务信息化工程建设规划》提出统筹部署应用系统,支持跨部门、跨区域的业务协同和信息资源共享
2013年	《关于进一步加强政务部门信息共享建设管理的指导意见》对信息共享的范围、共享方式进行进一步的明确

---

① 陈安,夏保成.应急管理知识体系指南[M].北京:中国科学技术出版社,2017.
② 徐晓日,李思聪.大数据背景下政府信息资源共享问题研究[J].长白学刊,2015(6):57-61.

续表

时间	事件
2014年	《关于促进智慧城市健康发展的指导意见》明确提出要切实加大信息资源开发共享力度，加强政务部门信息共享和信息更新管理，促进跨部门协同应用
2015年	《促进大数据发展行动纲要》在明确数据共享的同时进一步提出数据资源向社会开放的问题
2015年	《国务院办公厅关于运用大数据加强对市场主体服务和监管的若干意见》提出要打破信息的地区封锁和部门分割，着力推动信息共享和整合
2016年	《政务信息资源共享管理暂行办法》提出要加快推动政务信息系统互联和公共数据共享，增强政府公信力，提高行政效率，提升服务水平
2016年	《"十三五"国家信息化规划》提出要加快推进跨部门、跨层级数据资源共享共用，稳步推进公共数据资源向社会开放
2016年	《推进"互联网+政务服务"开展信息惠民试点实施方案》

资料来源：文献资料整理①②③④⑤⑥⑦。

2.3.3 应急响应体系建设

2018年1月7日，国务院办公厅印发《关于推进城市安全发展的实施意见》，标志着中央首次将中国城市安全管理推进到系统化、规范化的管理阶段，为加强城市风险防控提供科学依据，更是将城市安全与危机管理列为国家战略的层级。同年，成立中华人民共和国应急管理部，立足我国灾害事故多发频发基本国情进行重大战略决策，其工作重点在于从单一的应急管理向综合的应急管理转变，从事后救援向事前防患转变，从国务院直接指挥向具体部门的专业决策管理转变，该部门的成立是我国城市安全与危机管理体制层面的重要保障。

---

① 何俊.智慧城市顶层设计案例分析[M].北京：科学出版社，2018.
② 马海群，蒲攀.开放数据的内涵认知及其理论基础探析[J].图书馆理论与实践，2016(11)：48-54.
③ 王印成.我国智慧城市建设和人工智能的发展[M].北京：经济日报出版社，2018.
④ 朱立军.贵州省国土资源与可持续发展研究 下 专论[M].北京：科学出版社，2019.
⑤ 冯文丹，林琇晔.机构管理监测与决策支持体系构建刍议[J].大数据时代，2018(10)：28-35.
⑥ 栾群.加强数据治理是提升治理现代化水平的关键[M].国家治理，2020.
⑦ 葛程远.中国信息产业年鉴2009[M].北京：电子工业出版社，2009.

根据《中华人民共和国突发事件应对法》和《国家突发公共事件总体应急预案》，目前突发事件一般分为4个级别：特别重大、重大、较大和一般。在日常管理和应对方面，采用以分类管理、分级负责、条块结合、属地管理为主的应急管理体制。这决定了不同级别的突发事件，会启动相应级别的政府负责部门进行协调、救灾[①]。目前，我国突发事件响应的指挥框架和信息上报的流程如图2-2所示。

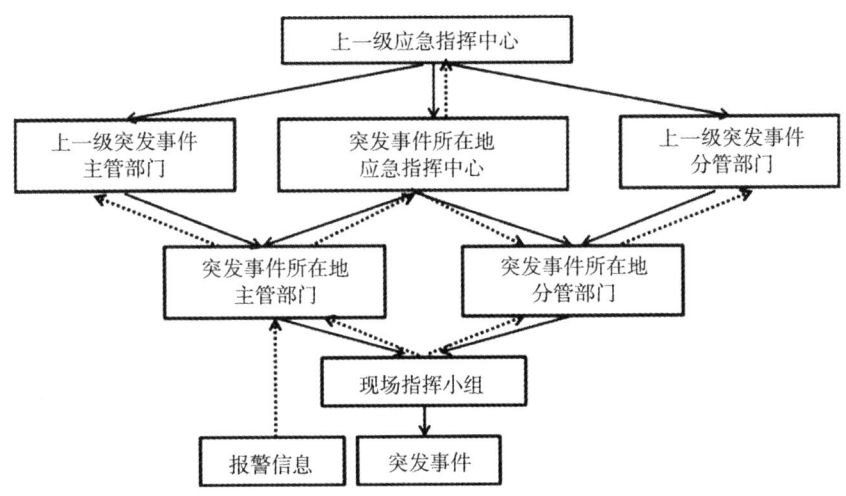

图2-2　突发事件响应过程（实线）和应急信息上报过程（虚线）[②]

资料来源：我国城市群突发事件应急协同机制研究。

2.4　上海智慧城市发展现状及挑战

2.4.1　上海智慧城市的建设

上海市作为早期试点城市之一，基于20世纪90年代开始的信息化全局规划，尤其是无线网络的运营保障，推动智慧城市的建设。《上海市推进智慧城市建设"十三五"规划》提出了"强化市、区两级信息化管理联动机

---

① 赵金龙, 黄弘, 朱红青, 等.我国城市群突发事件应急协同机制研究[J].灾害学, 2019, 34(2)：178-181.
② 赵金龙, 黄弘, 朱红青, 等.我国城市群突发事件应急协同机制研究[J].灾害学, 2019, 34(2)：178-181.

制,……,综合运用绩效评估、动态监管等措施,及时追踪智慧城市建设效果"等工作要求。根据上海市经济和信息化发展研究中心公布的《2018上海智慧城市发展水平评估报告》的评估,其智慧城市发展水平指数为105.13,连续4年保持良好的增长[①②]。

根据评估,上海市现阶段智慧城市综合水平在国内处于整体领先地位。上海市以智慧新地标、智慧交通、智慧健康为代表,有效支撑了上海市城市管理的精细化、科学化和智能化。在智慧经济领域,云计算、大数据、人工智能等相关产业逐渐成为上海市各区发展聚焦的重点,其中,社区与商圈的智慧化建设一直以来都是上海智慧城市重点关注的一方面。在电子政务方面,2018年7月1日,"一网通办"总门户在"中国上海"门户网站上线试运行,46个市级部门、16个区、220个街镇网上办事服务已经入驻,初步建成覆盖市、区、街镇三级的"一网通办"栏目[③④]。上海市及其各区智慧城市发展水平指数如图2-3、图2-4、表2-6所示。

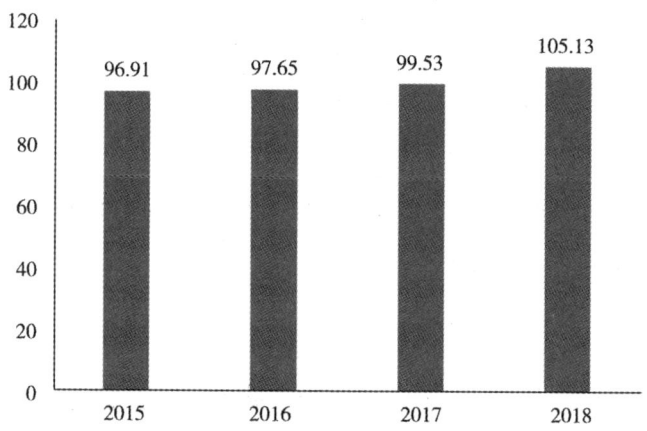

图2-3 上海市智慧城市发展水平指数(2015—2018)

---

① 陆森,刘岩,辛竹.《2018上海智慧城市发展水平评估报告》解析[J].上海信息化,2019(5):48-52.
② 任翀.上海互联网业务收入增速东部居首[N].解放日报,2019.12.06.
③ 陆森,刘岩,辛竹.《2018上海智慧城市发展水平评估报告》解析[J].上海信息化,2019(5):48-52.
④ 胡海俊,吴美华,陈昌鹤,等.探索新时代"互联网+"政务服务新模式研究[J].互联网天地,2019(4):43-47.

2 智慧城市与城市应急疏散系统的发展现状

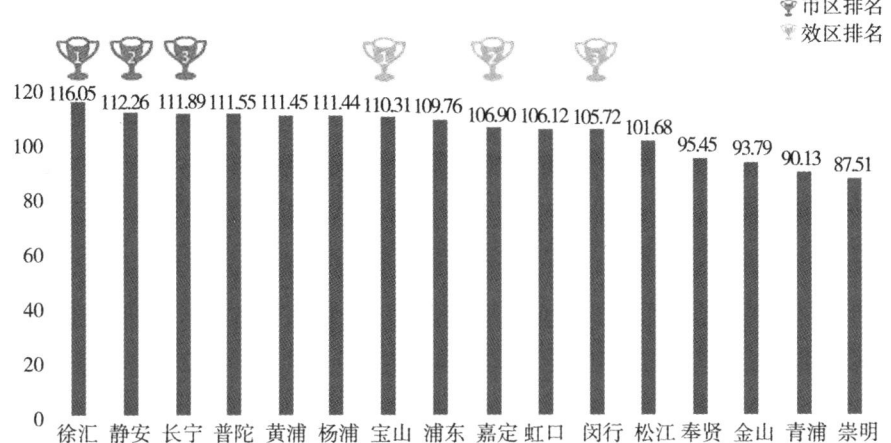

图2-4　2018上海市各区智慧城市发展水平指数①

表2-6　2018上海市各区智慧城市发展水平指数②

排名	区域	智慧城市发展水平指数	评估指标指数			
			网络就绪指数	智慧应用指数	发展环境指数	网络安全状况指数
1	徐汇	116.05	114.74	127.86	105.14	98%
2	静安	112.26	120.42	120.41	100.89	98%
3	长宁	111.89	122.43	121.25	96.89	98%
4	普陀	111.55	123.90	121.24	106.72	95%
5	黄浦	111.45	122.51	117.15	102.16	98%
6	杨浦	111.44	121.02	122.91	93.53	98%
7	宝山	110.31	118.43	120.46	95.49	98%
8	浦东	109.76	120.44	119.47	105.72	95%
9	嘉定	106.90	117.78	108.17	104.79	98%
10	虹口	106.12	120.57	106.19	103.59	98%
11	闵行	105.72	117.02	107.47	102.46	98%
12	松江	101.68	112.87	107.47	91.47	98%

① 陆森,刘岩,辛竹.《2018上海智慧城市发展水平评估报告》解析[J].上海信息化,2019(05):48-52.
② 陆森,刘岩,辛竹.《2019上海市智慧城市发展水平评估报告》解析[J].上海信息化,2020(01):21-24.

续表

排名	区域	智慧城市发展水平指数	评估指标指数			
			网络就绪指数	智慧应用指数	发展环境指数	网络安全状况指数
13	奉贤	95.45	114.58	93.47	92.50	98%
14	金山	93.79	116.44	92.09	87.91	98%
15	青浦	90.13	109.82	88.90	85.18	98%
16	崇明	87.51	110.17	81.36	88.59	98%

资料来源：《2018上海智慧城市发展水平评估报告》。

2.4.2 上海大数据共享平台的建设

上海市作为首批国家公共信息资源开放试点城市，于浦东、静安、徐汇等试点区探索和推进市、区两级数据开放，已实现两级数据开放并互联对接。上海市政府数据服务网已累计开放数据集超过1 900项，涵盖经济建设、资源环境、教育科技、道路交通等12个重点领域、11个应用场景。全市层面建立了实有人口库、法人库、空间地理库三大基础信息库，基本建成全市统一管理的政务数据资源目录体系，现已累计汇集数据资源目录2万多条、数据项29万多个[①][②]。

2.4.3 上海智慧城市发展面临的挑战

1. 快速的城市化摊薄了危机管理与风险管控的力量

城市化本身是一个风险化过程，在有限的城市空间，人口基数和城市人口密度不断提升，将导致危机管理与风险管控的力量被摊薄。传感器、大数据中心、政府决策执行流程是构成智慧城市的3个支柱，其中政府的决策执行流程是制度保证，更是三者中最为难以优化和执行的。

2. 中国各级防灾救灾、应急救援信息化系统普遍问题

（1）重复投资：各级政府最近十几年在智慧城市建设方面每年投资都在

---

① 吴勇毅.AI时代智慧城市加速演化升级[J].上海信息化,2019(1)：10-16.
② 陆森,刘岩,辛竹.《2018上海智慧城市发展水平评估报告》解析[J].上海信息化,2019(5)：48-52.

1 000亿元以上，存在重复建设现象。有的一个部门就有各自为政的几套信息化系统；信息相关性很强的几个部门也可能各自为政独立建设。

（2）信息孤岛：存在各部门信息化系统互不相连、信息无法共享的现象，这一现象造成信息资源利用率低下，极个别系统从建起来就基本上没有产生应有的作用，成为僵尸系统。目前有个别地方试图将各自为政的系统整合成共享系统，技术上不是主要问题，但是又需要大量的资金投入，可能不是最优的技术与经济路线。

（3）数据烟囱：由于部分部门信息化建设各自为政，其数据中心的容量根据各自投入大小不等，各部门数据保存的时间为1～3月，超过相应存储容量数据就顺时序毁掉。数据是一种非常宝贵的国家战略资源和新型生产资源，数据的毁失是极大的资源浪费。

（4）运行费用高：主要的运行费用是网络租用费、电费、人力成本和设备维护费等，这里没有考虑设备折旧问题，一般一个系统的年运行费用是系统投入的10%～15%。

3. 数据共享不全面、不充分

相关研究指出，中国政府及公共部门制造、使用、占有的信息资源约占全社会信息资源总量的80%，这些巨量的关键性公共数据和信息资源需要得到有效的治理。在中国智慧城市建设中，政府数据共享所需的标准制定、主观认识、监督评价等还有许多不足，这也使中国智慧城市建设中的信息流通不畅和数据共享不足等现象广泛存在[1][2]。

（1）信息共享基础设施及技术落后：信息基础设施主要是由通信网络、计算机、数据库、日用电子产品等设备和应用系统组成的高速信息电子网络系统。各行业独立的政务网络系统存在物理壁垒，缺乏大数据技术储备和处理分析工具[3]。

（2）信息共享管理能力有待提高：信息维护、信息运行、信息管理和安

---

[1] 刘晓娟, 黄海晶, 张晓梅, 等.智慧城市建设中的数据开放、共享与利用[J].电子政务, 2016(3): 35-42.

[2] 王平.基于云计算的信息资源增值利用模型构建[J].情报杂志, 2010, 29(7): 144-148.

[3] 徐晓日, 李思聪.大数据背景下政府信息资源共享问题研究[J].长白学刊, 2015(6): 57-61.

全制度的建设较为落后。数据管理制度不健全，大量有价值的信息资源有待整理。信息共享意识淡薄，未能发挥数据资源应有的价值[①]。

（3）政府部门间条块分割：自上而下的管理体制使得各部门彼此独立性较强，信息在各部门中纵向地内部交换，缺乏横向信息资源共享的内在动力，尚未形成部门行政协调模式、部门内部信任机制、部门间信任机制和信息共享奖励补偿机制。

（4）跨部门的信息共享的法律支撑不足：当前规范部门之间信息共享的相关法规不够健全，国家标准有待更新和统一。一个统一的、国家层面的电子政务建设标准始终没有出台，这导致数据标准和精细度存在差异，在数据加工处理时消耗大量的不必要成本。

2.4.4 大数据为上海智慧城市发展带来机遇

1. 大数据的优势

（1）技术优势：技术包括云技术（基于大数据共建共享的智慧防灾、应急救援应用云计算技术，增强了系统的控制和管理功能，增加了系统灵活性，同时将数据永久保存，可以从根本上实现"一中心、三融合、五个跨"，彻底解决数据共享和数据烟囱的问题）、人工智能技术［在灾害预警（水灾与泥石流）、应急救援控制系统、仿真系统中得到应用，同时在各级地方政府的经济和社会管理决策、公安案件侦破、智慧交通、电子警察、流动人口管理等方面得到广泛的应用］和物联网技术（传感技术不断进步，传感器体积和耗能减小，传输技术不断完善，集成度与智能化不断提高，价格不断降低，应用市场不断扩大，为大数据打下牢固的基础。如地震传感器、雨量传感器、各类气象传感器、位移传感器、特殊化学品传感器、毒品传感器等）。

（2）成本优势：成本优势包括3个方面。①不重复建设，避免了前端、传输线和存储等的重复投资与运维。②减少投资和运维费用。③数据永久保留，可反复多次使用。

（3）效益优势：共享大数据模式可推进智慧城市的商业化运营，投资

---

① 徐晓日,李思聪.大数据背景下政府信息资源共享问题研究[J].长白学刊,2015(6)：57-61.

低，回报大，回收期短。经测算，相对于各自为政的建设模式，共享大数据模式为国家节约1.2万亿左右投入资金，每年节约运行费用1 440亿元，其中仅县级单位节约投资5 724亿元以上，每年节约运行经费686.8亿元以上，而这个层级的财政正是国家财政最为薄弱的层面。

2. 政府部门信息共享带来革命性变革

（1）提高政府信息管理理念与效率：大数据将促进数据共享，提升政府决策的开放程度和透明度，促进政府与公民之间的沟通，使信息孤岛现象得到削减。政府部门间的协同办公效率得以提高，促进高效透明政府建设，提升服务水平。一方面，大数据技术可以推进政府信息资源的开发利用，实现信息资源效用最大化；另一方面，大数据也可以提升部门协作能力和工作效率，形成统一合理的公共服务体系。

（2）增加政府信息资源的价值：大数据有利于政府充分利用所掌握的海量信息资源，主动挖掘政府数据隐含的巨大价值，实现数据效用最大化，提升政府决策的科学性、透明性；有利于政府信息资源在决策中发挥辅助决策、支持政策制定和项目规划、提高公共服务水平、提高社会综合治理效率的作用[①]。

（3）提升政府治理能力：在"互联网＋"战略和建设智慧城市的背景下，上海已经利用大数据技术挖掘政府大数据资源价值，取得了一定的成果。比如，上海市静安区消防支队开展源头普查，建立平台基础数据库，构建消防大数据平台架构，从区网格化综合管理中心、人口综合管理领导小组办公室、住房保障和房屋管理局、统计局、规划和土地管理局等部门搜集梳理数据信息，并调用经济普查等数据信息，进行深度挖掘，探索建立以"门牌—单位—建筑—楼层—单位性质—人员"为主线的信息查询模式，以总结预判、动态掌握火灾形势。

---

① 徐晓日，李思聪.大数据背景下政府信息资源共享问题研究［J］.长白学刊，2015（6）：57-61.

3 应急疏散中个体多阶段决策的演化机制与影响因素

本章从个体与群体的概念界定出发，首先，提出个体决策阶段的划分方式，包括感知灾情、个体决策、个体行动和决策（行动）调整4个阶段；其次，分析个体在各阶段行为转变的机制及其复杂性；再次，将微观的个体行为纳入宏观的群体视角来考察自组织现象的存在，以及自组织的特征及机理，这部分分别从常态与恐慌状态两个方面来分析；最后，结合上述理论研究进一步挖掘影响应急疏散中个体多阶段决策的关键因素，包括阶段性影响因素、社会性影响因素、常态影响因素和恐慌状态影响因素等。

3.1 应急疏散中个体多阶段决策与行为模式

根据以往的文献研究与实验观察，应急疏散中的个体行动呈现阶段性的特点，因此，合理的阶段划分、各阶段间个体行为转变的把握是行为模式分析的前提。首先，我们需要界定群体与个体的概念。

3.1.1 群体与个体的概念界定

对于个体和群体的概念，已经有了较为全面的界定。多数研究认为：群体也称为团体，是指为了共同目的，以一定方式结合在一起，彼此之间存在相互作用，心理上存在共同感并具有情感联系的两人及两人以上的人群；个体是指群体中具有独立理性思维能力和独立行为能力的个人，个体之间能通过交互性的行为产生影响。

因此，群体由个体组成，具有社会性，其属性受个体之间的心理和行为影响，群体行为与个体行为往往具有很大的差异。人员疏散系统，顾名思义，其研究对象是群体的物理运动，但是其内在机制由群体中单一个体的行动，以及多个体间的心理、社会互动构建。在明确了群体与个体的边界基础上，应进一步分析个体决策制定与行动模型的一般规律。

3.1.2 个体决策阶段的划分

根据在应急疏散过程中，疏散人群所表现出来的行动特征，包括从影音资料、文字记载及应急疏散实验中取得的资料显示，疏散人员的疏散行动有其规律性和阶段性的特征：人员总是在进行着"感知—决策—行动—调整"的循环过程。因此根据这一循环过程，个体决策大体可以分为4个阶段（见图3-1），以火灾灾害为例。

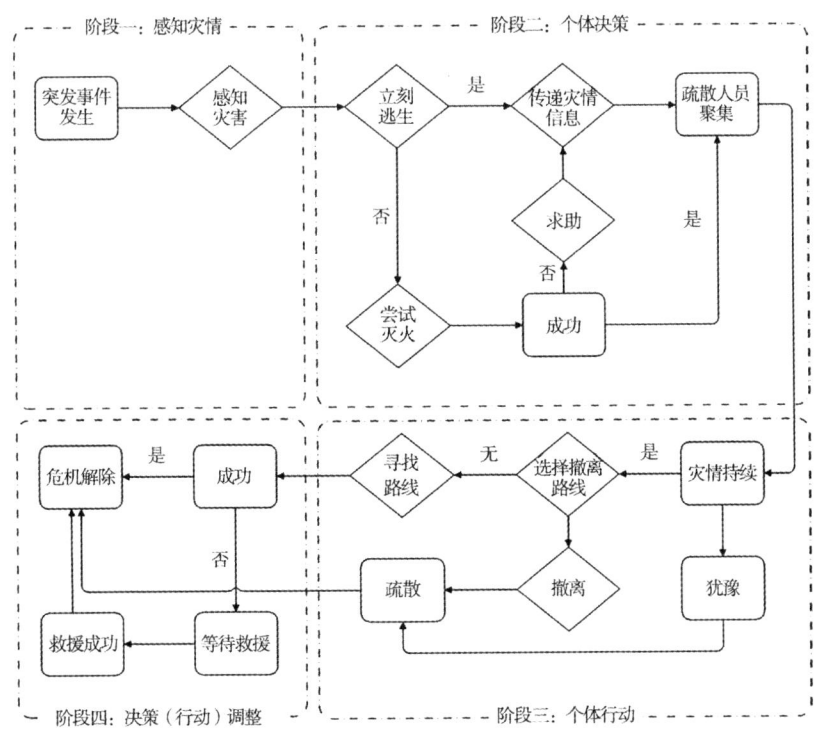

图3-1 应急疏散中个体多阶段决策动态（以火灾为例）

1. 第一阶段：感知灾情

一般情况下，个体对灾情的感知有两种途径：一是由建筑内部人员的感官发现，例如在火灾中闻到刺鼻异味，以及看到烟气和火焰；二是通过火灾探测器具和报警装置发现，从灾情发生到发现灾情这段时间间隔称为报警时间。当然，由于突发事件中的人员往往出现信息不对称和信息无法沟通等情况，灾情的感知也会依赖毗邻人员的行动，无论是靠感官发现灾情还是靠报警装置发现灾情，都存在误传及装置失灵误报的情况，这会大大影响疏散人员的决策及其进一步的行动。

2. 第二阶段：个体决策

在感知灾情之后，个体开始迅速做出决策，事实表明，人员发现灾情后，会因心理、生理、受教育程度等的不同而有不同反应，有的急于逃离，有的则倾向于进行灾情确认，即获取灾情信息之后再进一步确定是否真有灾情发生，并且根据灾情的情势做出相应的决策，包括立即逃生、扑救火点、等待救援、返回取物、指导疏散、通知他人等不同的行为决策。如图3-1所示，最初的个体决策通常有两类：立即逃生和尝试救火，并且形成两条决策路径。一是"逃生—告知家人及抢救财物—楼道聚集"；二是"尝试灭火—报警—告知家人及抢救财物—楼道聚集"。当然，无论选择哪条路径，人们更倾向于在事件发生后进行事件信息的交换，产生聚集行为。

3. 第三阶段：个体行动

第三阶段通常是指人员开始疏散，并逐渐趋近于安全区域的阶段，由于个体决策的不同和执行能力等方面的差异，这一阶段的情况比较随机。个体在疏散过程中，总是在不断地感知周围的情况，对自己的最初决策予以调整或者坚决地执行。因此，群体开始形成，组成疏散人群的所有个体都在不停地进行着上述个体行为，群体的行为就是这些个体行为的叠加，这些个体行为叠加后与所处的外部环境及场景（包括其他个体及各类边界）相互作用，共同决定了群体的决策。在这一过程中，个体的行为会受到许多因素的影响，其行动也不断影响着群体中的其他个体行为。如图3-1所示，最初的个体疏散决策各有不同（包括路径寻找、立即撤离和犹豫不决等），但是随着行动的进行和组织中个体间的相互作用，尤其是应急灾害中的恐慌心理及从众心理的影响，组织的行动开始倾向于集体行为。

4. 第四阶段：决策（行动）调整

第四阶段是整个个体多阶段决策中的核心阶段，尤其是在群体的行动过程中，一部分人员会选择观望或等待救援，另外一部分人员会较为积极或者受群体驱使"被迫"寻找逃生路径，这取决于个体及群体对灾情的判断，以及生理、心理等因素的影响。在行动的过程中，个体间的相互作用往往会导致个体行为的转移或者再决策，而不同种决策（状态）的人员密度也会有相互转化的情况，这类非特定外部因素引起的个体行为及群体行为的转变正是自组织现象的集中表现。

因此，上述个体多阶段决策的动态演化过程的分析，不同于以往的宏观疏散模型（仅考虑建筑物各部分的疏散能力、疏散方向和疏散速度等仅由物理因素决定的参数，如群集密度、通道的疏散能力等，而忽略了人群中的个体属性特征）与微观模型（将每个个体视为唯一主动因素，分析其对疏散信息的反映及其具体行为，比如反应时间、疏散延迟、路径选择、是否服从指挥等）中的理论分析。事实上，人群的运动行为特征非常复杂，会受到环境、人群、人员状态、过往经历等诸多因素的影响。应急疏散中的人员更具有其特殊性，对其疏散过程中的自组织行为影响较大，这种自组织行为又进一步反馈到疏散结果中。

3.1.3 个体行为的转变过程

一般情况下，人类的行为被视为"混乱的"、随机的，至少是无规律和不可预测的，在较为复杂的系统中的确是这样的，然而，个体行为的概率却是可以通过数学方法或者模型来描述的。个体与组织内其他个体的相互作用会产生行动的改变，并且改变有多种形式。我们在应急疏散问题的范畴内来讨论这些改变的演进过程、驱动因素、类型及概率等问题。图3-2揭示了个体行为的转变过程。

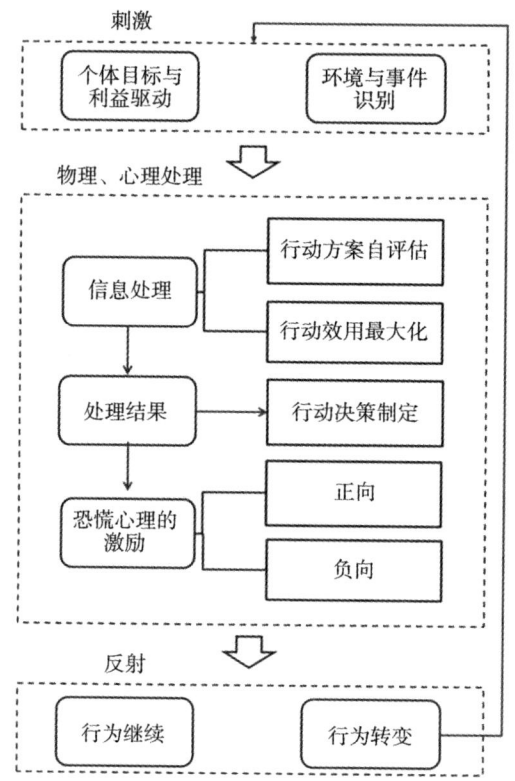

图3-2 应急疏散中个体行为转变过程

首先，在一个相对稳定的环境中，个体对其周边的外部环境存在一个基本的认知和熟悉，在接收到应急事件的特定信息后，一般的个体开始向应急疏散人员的角色转变，同时受到环境与事件本身对其的刺激，疏散人员迅速明确自己的移动目标和疏散的期望效果，即个体的利益诉求，也就是说疏散人员受到的刺激缘于外部环境和个人利益驱动两个方面；其次，随着有关事件的信息量的增大，疏散人员之间的信息流通越发频繁，个体开始进行信息处理的过程，并基于信息处理结果而制定相关行动决策，信息处理的过程包括待选策略的评估及疏散效果的最大化的预测等；最后，疏散人员在接收到新的环境信息或刺激之后对其行动做出进一步的调整，甚至是决策的重新制定，此时的刺激包括其他个体及边界的刺激，主要是对个体行为的激励作用，而非物理作用，这种激励会引发疏散人员的加速或减速，并以此来反作用于环境。上述过程就是个体产生的行为转变及其机理。

3.1.4 个体行为的转变类型

Helbing（1993）在明确了应急疏散中个体行为转变机制的基础上，归纳几种主要的行为转变类型。

1. 维持

首先是相互影响的两个个体均保持着各自原有的行动策略，即二者均未对行为转变的概率模型有所贡献，因此这类维持型行为转变将不会在此研究中着重讨论。

2. 模仿

模仿型的行为转变是一种最为常见的类型，该类型描述的是二者中的一者在互动中存在的趋于改变为与对方一致的行为策略，并以一定的转化率来表示。另外，除了上面这种单纯改变一方个体的模仿型行为转变，还有另外一种，即个体转变自己的行为及决策，并且使得对方转变为自己原有的行为及决策。

3. 规避

规避型的行为转变是指个体在遇到与之行动策略相同的另外一个个体时，倾向于改变自身策略以规避相同行动方案的行为，通常是由于逆反效应与逆反行为的指导而选择与他人不一样的行动策略。

4. 折中

折中型的行为转变是指个体遇到与之不同行动策略的另一个个体，并且在原有策略不能够维持的情况下而需要被迫转变为新的行动策略的趋势，互相影响的两个个体可能均改变彼此的行动方案。

3.1.5 个体行为转变的复杂性讨论

在应急条件下，个体行为的转变是缘于外部环境刺激及个体利益驱动，因此，不同情境下的个体行为转变会是迥异的。由于受到刺激的程度加强，行为的规律性也在逐渐地减弱或者是其规律变得异常复杂。

表3-1讨论常态与应急状态下，不同程度的外部环境刺激、个体的反应、

期望效果、建模的基础等对个体行为转变复杂性的影响。分析表明，个体行为受以下几方面影响。

表3-1 常态与应急状态下个体行为转变的复杂程度比较

因素	常态	应急状态
外部环境的刺激	简单及常规环境	复杂及新环境
个体的反应	自发的、经验的、放松的、恐慌的	信息处理及决策的结果
期望效果	可预见的	根据概率估算
建模的基础	社会力等环境因素	行为的转变等自组织因素
举例	行人运动模型	应急疏散中的行为模型

1. 在简单及常规环境下，行人的预期效果可以得到最大限度的预测，而在复杂及陌生的环境下，需要根据概率来计算期望效果，即应急疏散中的行为模型需要概率的假设。

2. 既然行人更多地面临着简单、常规及稳定的行动环境，而行人的行动决策也更多地依赖经验，那么个体反应首先是自动的、自发的。因此，在常规情境下的规律亦可以引入各类行为模型，但需要考虑环境的复杂性和行为转变的复杂性。

3. 个体行为的转变并不单纯地受到周围环境及边界等的物理作用力的影响，还受到社会力作用的影响。所谓社会力是周围环境及边界对个体行动的某种激励作用，因此，假设行人的加速或者减速的行为是由外力所致，我们对这些外力进行数学模型的构建有一定的合理性。

3.2 自组织行为特征与机理

自组织行为对于应急疏散中人员的决策与行动起着至关重要的影响，该行为会导致行人流之间的相互干扰。自组织行为有其内在规律，因此，结合直接观察、拍照、延时影像等对微观行人流进行个体的仿真研究是十分必要的。行人的自组织行为受到个体生理、心理状态、认知能力与认知速度的影响，因此正常情况下的自组织行为与恐慌情境下的自组织行为，存在显著的差异。

3.2.1 常态行人的自组织规律

1. 一般性规律

总结以往大量研究的影像观察和结果，可以发现在正常情况下行人的自组织行为存在如下规律。

（1）行人对于迂回绕行非常反感，因此有时宁愿选择拥挤但却直接的路径。但同样有证据表明，相较于最短的路径，行人又常常更倾向于最快的路径，以到达目的地。再者，如果迂回的路径存在舒适性，行人将倾向于迂回路径，以使到达目的地的努力最小化。因此，行人的行进路线类似于一个多边形。

（2）如果没有时间上的限制，行人会以个人的期望速度行走，即个人最舒适的、耗能最少的行走速度。一般地，行人的期望速度服从均值为1.34m/s、标准差为0.26m/s的正态分布。另外，平均速度还取决于性别、年龄、时段、目的地和环境等。

（3）行人需要与其他的行人和边界（街道、墙、障碍物等）保持距离，这一距离随着行人的匆忙程度与人群密度的提高而降低。如果个体没有熟识的同伴（例如在月台等候列车，坐在食堂，或躺在沙滩等），闲散行人会呈均匀分布。行人密度会因为吸引人的地点而提高，会因速率的变化的频度提升而降低。然而，当个体周围出现了同伴，行人会组成集团，而该类集团呈现同一个体的特征，其规模服从泊松分布。

2. 自动渠化

许多微观仿真实验再现了经验观察取得的自动渠化现象，即行人有着一致性的行进方向。渠道由有相同期望行走方向的行人组成，且该渠道是动态变化的，其数量取决于街道的宽度、行人的密度及噪声水平。值得注意的是，自组织渠化中存在噪声性排序，即人员的波动与振动产生的噪声的大小对于自组织行为的影响程度不同：小的噪声可以提升自组织行为的效率，中度的噪声会产生一个更加明显的隔离现象，大的噪声会阻碍自组织行为过程，甚至导致"加热冻结"现象。

通常自动渠化中行人有其行走偏好，即更倾向于在交通中既定的一边行走，最关键的是不同方向行人间有较高的相对速度。与人流相反方向的移动或者在一定区域内混合方向的移动会造成更加频繁和更高强度的相互作用，在每次相互作用时，相遇的行人会向侧边移动，以便超越对方。这种向旁边的移动会使移动中的行人彼此分离。如果波动较弱，由此产生的集体移动会减弱其躲避策略的频率和强度。自动渠化的最稳定状态对应着最小化"平均相互作用强度"，也对应于最优化自组织行为的最高效率［见图3-3（a）］。

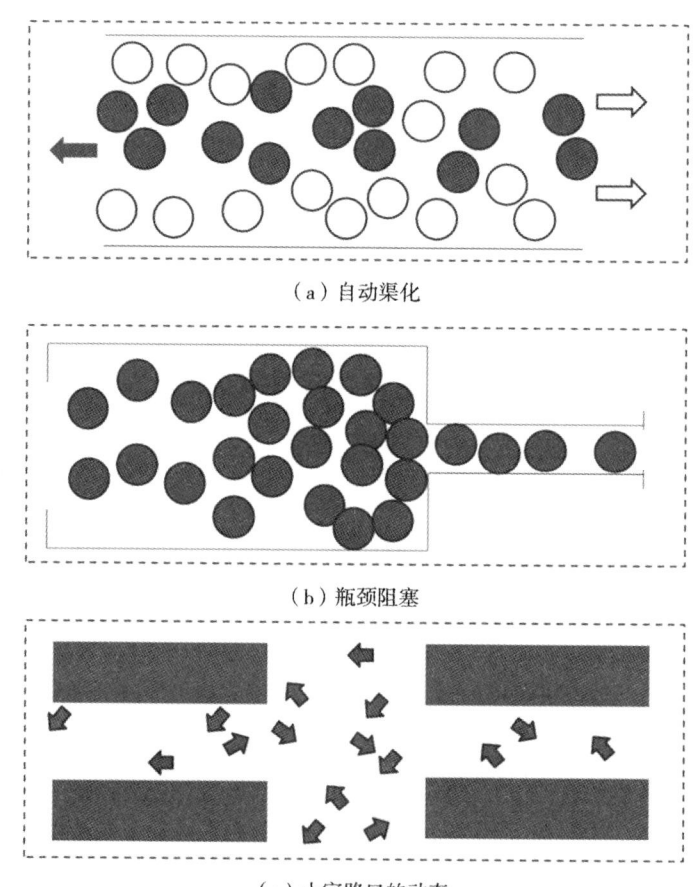

（a）自动渠化

（b）瓶颈阻塞

（c）十字路口的动态

图3-3　常态自组织行为规律的表现

3. 震荡在瓶颈

震荡在瓶颈的现象在现实生活中十分常见，不仅是在应急情况中，即使是常规状态的行人也会经常体验这一过程。假设将"门"作为瓶颈，如果人群没有产生慌乱，我们能够观察到通过该扇门的人流方向及波动变化。只要两个方向中的一个行人通过瓶颈，同方向的其他行人就可以很容易地跟上，而另一方的行人则很难打破这一状态。因此，流动中的这一侧等待和推动行人的人群数量开始少于瓶颈另一侧，于是通道被占领，这使僵局或者停顿产生。当然，在一定的时间内，这一方向将会被改变，瓶颈将由另一侧的人流占领［见图3-3（b）］。

4. 十字路口的动态

在十字路口，个体面对着多种行动选择，而该种行动往往是短暂而不稳定的。例如在垂直与水平方向交错的十字路口，此时，个体行动的转变类似于应急情况中的行为转变，自组织行为也十分短暂而不稳定，但即使这样，也客观地减少了必要的减速、停止和规避等行为的频率，因此行人的行走在平均水平上变得更为高效［见图3-3（c）］。

3.2.2 恐慌状态行人的自组织规律

1. 恐慌的定义

关于恐慌，众多的研究都是由社会心理学者展开的，只涉及观察或实验。除个别情况外，恐慌多是在恐惧或资源骤减的情境下出现，这类恐慌既没有威胁到生存也不涉及强烈的渴求，通常被描述为"逃离恐慌"（逃离"银行或股市恐慌"）和"获得恐慌"（投机性狂热）。在某些时候，这种分类方式是有争议的。

至于人员疏散涉及的恐慌情绪，往往来自追逐个人的短期利益，而不受社会与文化的控制。可能的原因是在恐慌情绪的影响下，个体注意力下降，以至于忽视了紧急出口。这种现象通常被归因于社会传染，如从个人心理到群众心理的转变，即人们将对自己行为的控制转移到他人身上，从而产生一致性的"放牧行为"。这种一致性行为是非理性的，易导致危险的聚集和低效的逃生，以及伤亡的增加。另外，恐慌情绪会导致自私行为的发生，相反，对社会有利的有序行为则是不稳定的。

2. 恐慌状态下的人群行为

恐慌蜂拥是极具灾难性的现象，因为它往往导致踩踏事件，甚至是大规模的伤亡。例如，当一个拥挤的大楼发生火灾时发生蜂拥，大型活动引起拥挤和踩踏。但是，现有关恐慌的系统性研究比较少，且用来预测人群动态变化的理论也相对稀少。总结恐慌人群的行为表现有以下几点。

（1）在逃生恐慌的情境下，人们会变得越发紧张，从而盲目行动。

（2）人们会试图以高于平时的速率移动。

（3）人们开始推搡和互相干扰。

（4）人们常常为通过瓶颈而不协作。

（5）人群在出口处堵塞。

（6）恐慌导致物理干扰增加，并可造成高达4 500N/m的危险压力，这种压力会使钢筋或墙壁弯曲变形。

（7）受伤和跌倒的人将成为"障碍物"，使人群移动降速。

（8）人群产生"放牧效应"和"从众心理"。

（9）备用出口被忽视和失效，尽管有多个可通行的出口，但人们只从最初进来的入口处逃离。

3. 恐慌与人流密度的关系

不同人流密度对恐慌产生的影响不同：人流密度较低时，行人可以自由移动，人群的动态变化就如同气体浮动；当人流密度在中等程度或较高时，人群的移动类似于液体的流动和颗粒状物体的移动。其具体表现如下。

（1）行人留在雪地上的脚印呈现类似液体的流线型。

（2）不同行走方向的人群的边界处可以观察到互相粘连的足迹。

（3）人流穿过站立的人群时，就如同河川的形成。

（4）类比于颗粒状媒介中的分离或分层，如果行人密度足够高，行人将自发地形成一条通往特定方向的通道。

（5）遇到瓶颈（如走廊、楼梯或门），行人的前进方向将会改变，这一现象类似于"振荡器"或"沙漏"。

（6）在行进的高密度人群中可以观测到惊吓或恐惧的传递。

（7）恐慌人流的扭曲和阻塞类似于粗糙的颗粒状媒介通过小开口瓶颈。

总而言之，流体的动态变化可以用来类比通常情况下的行人移动，而在恐慌情况下用颗粒状粒子类比会更切合实际。

4. 恐慌行为的规律与表现

在一些紧急疏散情况下，我们经常能观察到以下行人的行为特征：人们会变得紧张，引起更高的波动；人们试图逃离恐慌源，这种现象在更高速度的情况下更为显著；在复杂的情况下，那些不知道该做什么的个人，会学着其邻居的做法，即他们倾向于做别人做的事情，"放牧行为"可描述这类现象。以下是较为显著的恐慌行为规律与表现。

（1）加热冻结

假设一个个体波动程度的函数，是一个由恐慌程度作为权重的函数。事实证明，当行人密度达到一定的高度时，波动强度的增加会破坏路径，类似于温度的升高使液体汽化，但是不同的是，随着波动增加，人流出现了"固化"现象，这种矛盾就是加热冻结现象。

值得注意的是，尽管内部能量不断上升，但这种阻塞的状态仍具有一个较高的有序程度，其结果与结构性的扰乱相比，也是相对（亚）稳定的。因此，加热冻结与期望的均衡系统相反，也和那些在颗粒系统中的涨落驱动和定序现象不同。在那些颗粒系统中，波动从无序的亚稳状态转变为有序的稳定状态，通道中的非匀质及其他杂质会短暂地使行人减速，并进一步促使这一转变继续。另外，当行人密度超过某一临界点时，这种人流固化的转变也会出现。

（2）拱形分布

如果行人的期望速率是正常的，那么行人流将非常协调和规律。然而，当行进速率达1.5m/s时，比如在奔跑中，或者在一个急切的状况下，通过通道的人会在出口处形成一个拱形的分布，离开出口的人群也会呈"滚雪球"式。这种现象是在人们通过烟囱、窄口时被观察到的，产生原因是足够小的开口并不是某种驱动力的转变作用。

（3）越快越慢现象

由于延迟引致的阻塞，如果摩擦系数足够大，试着移动更快将会使平均撤离速度逐渐减小，"越快越慢"效应在火灾中会造成十分巨大的伤亡。在火灾中，流动的人群减少了存活的机会，相关的死亡率也由逃离火灾现场的行人数量体现出来。

由于摩擦系数通常在人群中没有减速效应，如果墙足够远，那么潜在的拱形阻塞效应的成因更为综合，例如：①由类似于门的障碍物造成的减速；②个人相互间较强的摩擦力，其在行人靠得足够近的时候起决定作用。值得注意的是，当滑动摩擦力随着距离变化而持续变化时，"越快越慢"效应也会出现。

在视距和公共建筑中避免建设障碍物，能减少阻塞的危险。然而值得注意的是，阻塞也能在开阔的逃跑路线中出现，这个令人惊奇的结果起源于行人的扰动。这些人试着去赶超其他人，并且由于排斥作用，他们试着在开阔的区域扩大与对方的距离，涌入开阔的主干道，而这种行为就像"障碍物"的形成过程，同样会导致阻塞。

（4）幻影恐慌

有时恐慌会毫无理由地出现，就像火灾或其他骇人事件。由于"越快越慢"效应，小小的行人逆行就能引起恐慌，这些恐慌会给那些想要离开的人群造成延误，因此，在后面静止的行人，由于没了解暂时停顿的原因，会变得不耐烦和拥挤，长时间的等待会增加焦虑度，从而产生低效率的行人流出量，而这又进一步增加了等待的时间，以此类推形成恶性循环，进而导致行人的挤轧、摔倒和被践踏。因此，有必要设立足够大的出口，防止大规模人群想要离开时出现人员逆流。

（5）忽略有效出口

当一个混沌不清的状况出现，行人尝试离开某一个空间时，其目标是寻找一个出口。假设个体可以有三种行为决策：选择一个方向；跟随大家的方向；尝试前两种的混合行为。假设前两个选择都受恐慌心理的影响，那么，如果该紧张程度很低时，称之为个人行为，而当紧张程度过高时，就是群体行为。

单纯的个人行为或盲从的群体行为都不是最佳的行动决策，纯个人行为意味着每个行人只会偶然地找到一个出口，但是盲目的群体行为意味着整个人群最终都朝着同一个方向前进，并且可能引起阻塞，最终导致行人不能有效利用可用的出口，这也与观察结果一致。合理的期望是，个人和群体行为在一定程度上混合，以制订最优的逃生方案，在此方案中，个人行为允许一部分个体去探测出口，同时群体行为又保证有较高的概率成功逃脱。

3.3 个体多阶段决策的影响因素

3.3.1 阶段性影响因素

面对危机，疏散人员的决策、决策的转变及自组织行为均受到诸多因素的影响。由于人员的行为具有阶段性的特征，人员的互动与其社会属性密切相关，人员的疏散效果在一定程度上也有赖于其所处的外部环境或掣肘于其他制约条件，并且在常规情况下与在恐慌情况下，人员的决策力与人员的行动力的差异悬殊，因此个体多阶段决策的影响因素十分复杂，可依据以下几类进行分析。

1. 灾情感知阶段

在个体多阶段决策的第一阶段，疏散人员对灾情的感知程度有较大差异：①个体对环境的熟悉程度直接影响其面对环境转变所采取的初步行动，例如，当楼内发生火灾时，个体可能会由于浓烟对通道、出口及消防设施等的遮挡难以找到疏散方向，影响疏散时间；②个体所获取的信息或指令是影响个体决策的另一个关键因素。在互联网、社交网络平台及移动互联网非常发达的今天，信息的获取十分容易，当然，在有用的信息中掺杂着大量的具有干扰性的不真实或过分夸大事实的信息，我们可以理解为"噪声"，无论是有用的信息还是无用的"噪声"，都会在危机发生的最初时刻进行最为密集的交换（包括虚拟的信息数据），主要是疏散个体与外部环境之间的信息交换，以及疏散人员个体与个体、个体与组织之间的信息交换，明确清晰的信息或指令可以很大程度上提升个体行动和组织疏散的效率，而"噪声"则会降低个体行动及组织疏散的效率。

2. 个体决策阶段

在个体决策阶段，个体要根据第一阶段的感知做出行动决策：①疏散目标是个体首先选择和确定的，目的是尽快到达最近的出口、尽量远离危险源等，因此，疏散人员距离最近出口的距离及根据目标进行的行动调整将是分析个体多阶段决策研究的重要参数；②疏散人员的个体特征及社会化特征在这一阶段发挥着重要的作用，包括个体的文化程度、性格特征、性别、年龄、心理状态及情绪表达等，这类影响因素往往在应急疏散的仿真研究中作为系统性因素、未被纳入模型的构建，尤其是早期的应急疏散研究，在社会学者参与应急疏散的研究之后，其根据个体行为分析，确认了上述因素并尝试将这些因素纳入模型，具体的在下文社会性影响因素的分析中详述。

3. 个体行动阶段

行动中的行为特征主要受灾害或突发事件的物理环境、建筑物空间结构特点、他人的行动状态、疏散人员的分布及生理心理特征等因素影响。在个体行动阶段可能有以下行为：根据人群改变自己的路径、返回现场帮助他人、尝试灭火、寻求指示或帮助、尝试指挥或帮助他人等。而相关的影响因素包括：对建筑是否熟悉、人群的行动状态、是否有从众心理、事故的发展势态、知识储备、是否经过训练等。在这一阶段，最为关键的因素是个体的实际速率，在经过个体的初步决策以后，行动的实施及其实施效果直接影响于个体的行动力，也就是实际的位移与速率。

4. 决策（行动）调整阶段

在经过个体行动的阶段后，个体在疏散过程中会不断地检视自己的行动效果，并受到3个因素的影响而做出进一步的决策与行动：①个体间的相互作用，这一作用有两种形式，一种是物理上的身体接触行为，这是因为伴随着突发事件而来的恐慌会造成个体间的摩擦与挤压，使个体半径之和大于或等于个体之间的距离，另外一种是社会力的影响，即一方的决策与行动受另一方的影响而产生转变；②组织的吸引，在疏散行动已经展开之后，会出现一种"加入行为"，尤其是在自组织行为范畴内，疏散人员往往以家庭的形式共同行动，另外，互相认识的人员，比如朋友、小团体等也会形成"加入行为"，这类"加入行为"也在一定程度上保障了走散的人员重新组成团体及调整行动方案等；③边界的作用，边界的作用在应急疏散中是指疏散人员与墙壁、障碍物等的相互作用，例如人员与边界的距离、垂直于边界的运动方向及与边界的相切方向等。

3.3.2 社会性影响因素

在应急疏散的过程中，人的决策及自组织行为除了表现出比较强的阶段性特征，还受到一些社会化属性的影响，在第二、第三阶段个体做出的决策和采取的行动,包括逃生、寻求帮助、从众、返回取物、返回帮助他人等都是社会化属性导向的结果。应急疏散的研究对象是社会性的人,而社会性的人具有许多不同的属性特征,如性别、年龄、性格类型、文化程度、对环境的熟悉程度、是否经过疏散训练,概括起来就是人的个体特征和认知水平。在研究以群体为单位的疏散行为时,不可避免地要涉及研究个体的特征。

1. 个体特征因素

个体特征,如性别、年龄、性格等,会直接影响个体在疏散过程中的行为。如有些女性及年龄较小、文化程度低、性格类型情绪化的人员"从众"和依赖心理较强,容易形成个体间互动,从而产生群体不适应行为,降低疏散效率,延长疏散时间。具体分析如下。

(1) 性别因素:一般女性人员因为依赖程度较强,在灾情初期选择逃生,在逃生过程中会盲目从众或者选择寻求指示或帮助,一般不会返回现场取物或帮助他人。因此,若群体中女性人员比例较大,应急疏散的难度会增大,疏散时间可能会较长。

(2) 年龄因素:年龄因素在一定程度上影响了疏散过程中人员的自主性。一般而言,随着年龄的增加,人员应急疏散的经验和自主疏散的能力会相应增加,在疏散过程中倾向于返回帮助他人,并且在疏散过程中出现惊慌失措的概率较低。所以,若群体中30岁以上人员较多,个体及群体的应急疏散效率会相应提高。

(3) 性格因素:性格是人格的重要组成部分,对个体的行为决策有着重要影响。个体在一定社会条件下表现出来的习惯化的行为反应与情感,形成相对稳定的人格心理特征。心理学根据知、情、意三者在性格中所占优势,把人们的性格划分为理智型、情绪型和意志型。理智型的人通常以理智来评价、支配和控制自己的行动;情绪型的人,往往不善于思考,其言行举止易受情绪左右;意志型的人一般表现为行动目标明确,主动积极。人员的性格类型能较大程度地影响个体疏散行为决策,进而影响整个群体应急疏散效率。理智型人员在火灾发生时恐惧心理较小,在疏散过程中不会盲目从众,并且在疏散过程中不会返回帮助别人,而意志型的人员则相反,情绪型的人员在火灾发生时容易产生侥幸心理,并且在疏散过程中容易从众。因此,一般来说,若群体中理智型个体占多数,应急疏散效率较高,所需疏散总时间较短。

2. 个体认知水平因素

个体的认知水平，如文化程度、对环境的熟悉程度及是否经过疏散训练等，是关系到在灾难突发时生理和心理是否能够趋于正常水平的主要因素，较高的个体认知水平有利于避免不适应的疏散行为。自救及自身素质较高的个体容易成为疏散过程中的"领导者"或"指导者"，会更易于采取帮助他人或疏导他人的行动，从而提高疏散效率，降低疏散难度，缩短疏散时间。同时，个体认知水平会提升人员对环境的观察能力，如接受过消防疏散训练的个体会在火灾发生时做出相对有效的路线选择，其行为的改变或保持也相对合理性。文化程度也能影响人员的现场行为，有较高文化程度的人员会更易于担当现场的组织者和指挥者的角色。个体认知水平因素具体包括以下几个方面。

（1）文化程度因素：文化程度的高低意味着人员的整体素质和独立分析能力的水平、自我控制能力的水平，以及能否做出理性决策的水平。高文化素质的行为人在灾害现场可以更自主地分析是否存在更便捷但较陌生的疏散线路，也就是说文化程度越高的人在疏散过程中越不会选择熟悉的路径，并且文化程度越高的人在疏散过程中会自主分析和选择疏散线路，做出理性决策，而不是盲目从众；而文化程度较低的人则倾向于在疏散过程中返回现场寻找某人或某物。因此，若群体中文化程度相对较高的人员较多的话，个体及群体的应急疏散效率会相应提高。

（2）环境熟悉程度因素：群体疏散中环境熟悉程度因素对个体的行为及其效率有着统计学意义上的影响，进而影响整个群体的疏散效率和时间。一般而言，环境熟悉程度越高，应急疏散的经验和自主疏散能力越强，环境熟悉程度的提高表示人员的分析能力和自救能力的提高，在灾害现场，可以更自主地分析是否存在更便捷的疏散线路。环境熟悉程度相对较低的人员更多地选择从众和寻求指示或帮助。然而，环境熟悉程度较高的人员，在疏散过程中自信力较强，倾向于返回取物和帮助他人，但这种行为往往也是缺乏理性的，是危险的疏散行为。因此，环境熟悉程度的提高，会提高个体或群体应急疏散的效率，但也要注意避免疏散个体盲目自信的冒险行为。

（3）疏散训练因素：接受过疏散训练的个体会在火灾发生时自己选择路线，绝大部分这类个体不会选择寻求指示或帮助，在疏散过程中保持行为的相对合理,也会倾向于成为"领导者"。而没有经过训练的人员往往手足无措,会选择寻求指示或帮助。

3.3.3 常态影响因素

应急疏散状态不同于常态交通情况下的行人模式,疏散者往往受恐慌心理的驱使形成一种"混沌"的行动状态,然而,常态下的个体行为仍然是应急疏散行为研究中的重要部分。历史证明,突发事件不全是由火灾、地震、恐怖袭击等引起的,大部分的、造成重大伤亡的应急事件往往在毫无征兆、座位良好的地方发生,即因常态行为突变而发生的,例如剧院、体育赛事、商场、车站等人流密集的地方突然爆发踩踏事件、冲撞事件等,因此,常态下的行人决策及行动的影响因素也应得以分析。

1. 人群密度

事实证明,只要人群密度不断上升,达到某一程度,就有可能造成简单交通情况的恶化,导致大规模的应急事件。以往的研究表明,正常或低密度时,行人流动与气体相似,中密度或高密度时,行人流动类似于液体与粒子的运动,然而,密度过高时,行人流则与液体的汽化现象恰恰相反,形成某种"固化"现象,这便是所谓的"加热冻结"现象。与此相关的,"自动渠化""震荡在瓶颈""十字路口的动态"等行人流动现象均是因行人流的密度变化而产生的,上述行为规律已在3.2节中做详细分析。

2. 行人的偏好

行人对于迂回绕行的反感,使得行人更倾向于较短的路径,尽管相对拥挤。行人对舒适有追求,相较于最短路径,行人更倾向于最快的路径,如果可以更舒适,行人则会迂回来最小化到达目的地的努力。

3. 期望速率

如果没有时间制约,行人会以个人的期望速度行走,根据正态分布,该速率近似于1.34m/s,标准差为0.26m/s。当然,平均速度取决于性别、年龄、时段、目的地和环境等因素。

4. 行人与边界的距离保持

行人与其他行人和边界(墙、障碍物等)的距离随着行人的匆忙程度与人群密度的提高而降低，闲散的行人会呈现均匀分布。行人密度会因为某个景致的聚焦而提高，会因速率变化的频度提升（如舞池）而降低。若存在熟识的行人，则有集团出现，而集团具备单个行人的特征，同时，集团的规模呈泊松分布。

3.3.4 恐慌状态影响因素

1. 速率的变化

在恐慌状态下，由于实际的行走速率与期望速率产生了差异，行人趋于期望速率的加速度开始产生波动。当行人密度达到一定的高度时，波动强度的增加会破坏路径，通道中的非匀质及其他杂质会短暂地使行人减速，并进一步促使这一转变继续。另外，当行人密度超过某一临界点时，人流固化转变也会出现。

2. 出口阻塞

经验表明，如果期望速率达到1.5m/s以上，或者在一个急切的状况下，通过通道的人会在出口处形成一个拱形分布，离开出口的人群也会成"滚雪球"式，这种现象是在人们通过烟囱、窄口时被观察到的，原因则是足够小的开口影响了行人的流动。

3. 摩擦系数

摩擦系数直接导致了恐慌状态下"越快越慢"现象的出现。所谓"越快越慢"是指由于耐心减弱，以及对更快的撤离速率的尝试而导致的较低的平均实际速率，这取决于个体间的摩擦程度。摩擦系数足够大时会造成灾难性的后果。

4. 逆流

逆流通常是导致不可预期和无理由的恐慌事件的主要原因之一，通常是事件的导火索。当人流保持一个方向移动时，一个小小的逆流会引起后续人流的恐慌，即幻影恐慌，因为人们会通过其他个体的反应而对未知的情况做出预判。

4 面向智慧城市的人员疏散系统多范式模型框架与仿真机制

本章以高密度公共场所的应急事件及疏散实验为实例，以构建与城市大数据共享平台协同的人员疏散系统模型为目标，提出多范式建模方法，以对建筑信息系统与基于社会化互动的行人运动系统整合建模；结合个体多阶段决策演化机制，挖掘影响个体行为转变的阶段性、社会性、常态及恐慌状态的关键因素；使用常微分方程、元胞自动机、离散事件系统规范、有限状态自动机分别描述决策信息传播、建筑信息与应急事件信息传播、情绪蔓延等机理；通过IFCs标准数据协同应用城市大数据共享平台与多范式人员疏散系统模型；利用分布式仿真工具实现模型转换，执行兼顾宏观、中观、微观等抽象层级的仿真实验，构建面向智慧城市的人员疏散系统多范式模型，并进行仿真结果的深入分析。

本章的目的是解决人员疏散系统建模与仿真技术间的诸如建筑信息系统与行人运动系统不同模型范式的整合、系统建模层次多样性与仿真执行唯一性的矛盾、应急人员的社会化互动定义与测度等关键问题。本章面向的是大数据共享与云计算等信息技术，以及应急疏散系统集成于电子政务、智慧城市、协同管理服务平台的整体框架的技术路线与发展方向。本章以人员疏散系统为研究对象，以提高应急疏散效率为出发点，以大数据协同管理平台建设为落脚点，从多范式建模等方法入手，基于疏散个体多阶段决策演化机制，结合决策信息与建筑信息传播机制、应急事件信息传播与情绪蔓延机制等，构建面向智慧城市的人员疏散系统多范式模型框架，并以某高校图书馆平面层作为实验环境，呈现仿真实验的可视化结果，验证该多范式模型框架的优越性。

4.1 多范式模型与仿真框架概述

本节从系统论与模型驱动理论出发,介绍研究所涉及的人员疏散系统范式、多范式建模与仿真技术的机理,以及本研究所应用的系统建模与仿真方法及工具。

4.1.1 系统范式

Zeigler提出的离散事件系统规范,颠覆了连续时间(DESS)及离散时间系统范式(Discrete Time System Specification,DTSS)的传统理论,确立了以微分方程为代表的连续时间系统规范,以差分方程为代表的离散时间系统规范,以及离散事件系统规范组成的经典系统范式理论[1]。Praehofer将DEVS与DESS耦合,将不同种类系统间的输入与输出端口衔接,介绍了DEV&DESS(discrete event & differential equation system specification)系统范式,进一步丰富了系统范式理论[2]。Zeigler和Lee提出quantized system,实现系统输入与输出的量化[3]。至此,系统范式理论基本完善(见图4-1)。

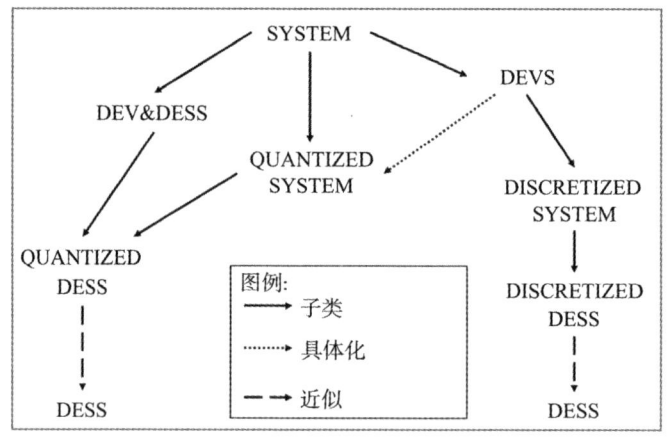

图4-1 系统范式

---

[1] Zeigler B. P. Theory of modeling and simulation [M]. Wiley Interscience, 1976.
[2] Praehofer H. System theoretic formalisms for combined discrete-continuous system simulation [J]. International Journal of General System, 1991, 19(3): 226-240.
[3] Zeigler B. P., Lee J. S. Theory of quantized systems: formal basis for DEVS/HLA distributed simulation environment [C] //Aerospace/Defense Sensing and Controls. International Society for Optics and Photonics, 1998: 49-58.

4 面向智慧城市的人员疏散系统多范式模型框架与仿真机制

4.1.2 多范式建模与仿真

1. 多范式模型

Fishwick将多范式模型定义为，在一个网络化或图形化的模型中，有其他的模型作为其组成部分，则该模型即为多范式模型。多范式建模需要对一个系统在不同的抽象层级上进行模型化的描述，并且每一个层级的模型均可以被单独地执行仿真。因此，多范式模型与一般模型相比，有着更多的抽象视角，并且能够解决更多的系统问题[①]。

2. 具体化与抽象化

多范式模型有诸多抽象层级，各层级之间的衔接关系称作抽象化与具体化。所谓抽象化，是指信息从多范式模型中的较低层级传递至较高层级的过程（层级越高，抽象程度越高；层级越低，系统的描述越细致）；相反的，具体化则是对多范式模型中一个层级的进一步展开，以便将信息传输至较低级别的模型，例如在多范式模型的某个层级中，一个时间点的事件在较低层级的模型中可以被进一步细化，并且被定义为更多个事件，即不再是时间点的概念，而是时间区间内的状态转换。因此，抽象化是一种对系统状态及事件的聚合，即将不重要的函数关系隐藏，仅聚焦于较高层级的状态与事件；而具体化则是一种分解，将隐藏在较高层级的系统函数关系于较低层级揭示出来。图4-2所示是一个多范式模型，其中包括3个子模型，即Model 1、Model 2和Model 3，这3个子模型分别来自3个不同的抽象层级，即Level 1、Level 2和Level 3。那么，从Model 3到Model 2、从Model 2到Model 1的信息向上传递的过程称之为多范式模型的抽象化；从Model 1到Model 2、从Model 2到Model 3的信息向下传递过程称之为多范式模型的具体化。

---

① Fishwick P. A. Simulation model design and execution: building digital worlds [M]. Prentice Hall PTR, 1995.

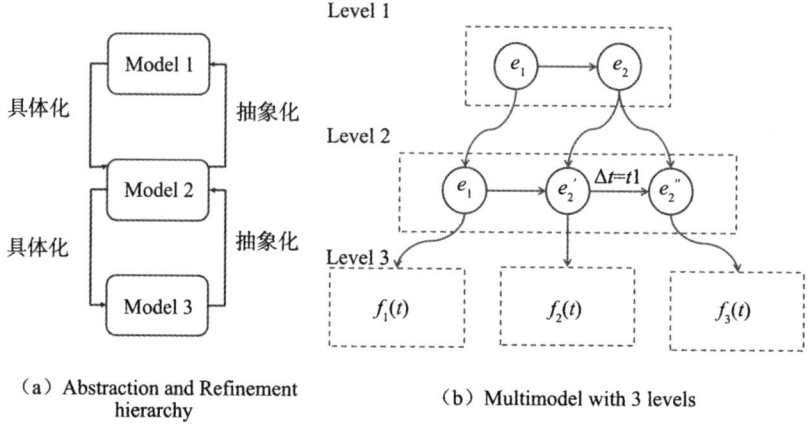

(a) Abstraction and Refinement hierarchy

(b) Multimodel with 3 levels

图4-2　多范式模型的抽象化与具体化

3. 模型的范式空间

Fishwick根据系统知识的层级（源系统、数据层、数据生成层、结构层）与模型的范式分类（包括概念模型、描述性模型、函数模型、约束模型、空间模型）构建了模型范式空间。Fishwick将系统知识层级与系统行为的表达能力匹配，勾勒出模型范式空间并对系统范式空间进行划分。在图4-3中，各空间中的圆圈表示特定的建模方法与技术。

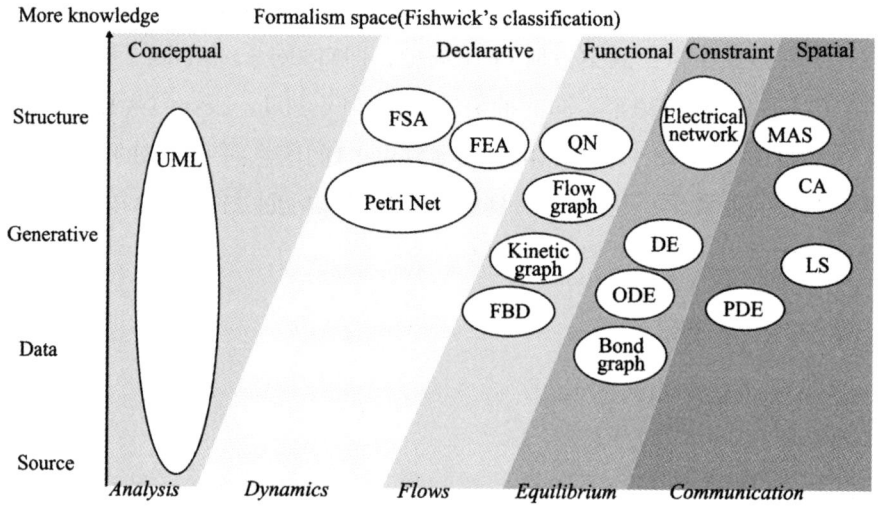

图4-3　系统范式空间的划分

4.1.3 主要的建模与仿真技术

本小节介绍构建人员疏散系统多范式模型所运用的主要建模方法，涵盖了约束模型、描述性模型、空间模型、DEVS与Cell-DEVS等主要的模型范式，可以描述连续时间、离散时间及离散事件等多个系统范式。

1. 常微分方程

微分方程模型是主要的约束性模型范式的代表，约束性模型范式最适于描述自然的法则，要求系统的对称性，因此，约束性模型通常是等式（equation），当然，有时也可以是图形或其他形式，其建模的基本原则是"平衡"。微分方程并不需要直接定义系统状态的转换，而是使用导数函数来定义系统状态的转换率，在任意连续的时间，给定一个状态及输入值，即可计算未来某一时间点上的系统状态。因此，微分方程适合对连续时间系统，且从较为宏观的视角出发来构建模型，本研究选用常微分方程组作为人员疏散系统决策信息传播宏观模型的主要建模方法。微分方程组的一般结构如图4-4所示，微分方程的一般形式如式4.3所示。

$$d(q)/dt = x(t) \quad (4.1)$$

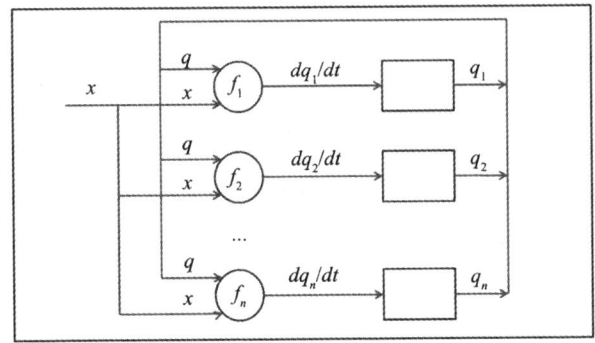

图4-4 常微分方程的基本结构

2. 有限状态自动机

有限状态自动机模型属于描述性建模范式，是状态指向型的建模方法。该方法允许建模者运用最小化的要素来描述系统，并且将输入、输出、状态等系统要素整合。FSA通常用于描述包括状态及状态转换的系统，本研究在对人员疏散系统情绪蔓延建模时，选用有限状态自动机来描述个体情绪状态的转变。如图4-5所示，状态通常用圆圈表示，状态之间的转换关系用带箭头的弧线表示，FSA的形式化规范如下。

$$FSA = <T, X, Y, Q, \delta>\tag{4.2}$$

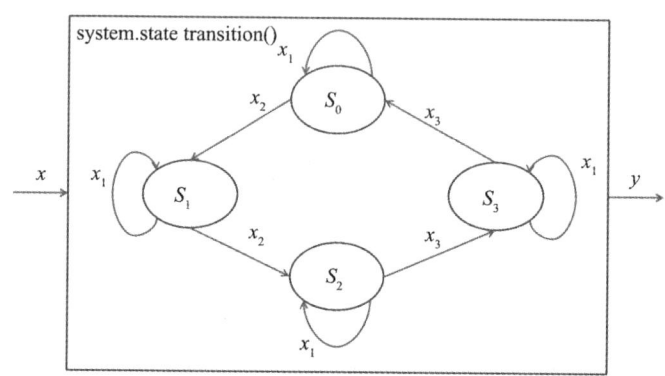

图4-5　有限状态自动机的基本结构

3. 元胞自动机

元胞自动机由Von Neumann和Burks提出，是使用最为广泛的空间模型，它所描述的系统应该在空间与时间上均为离散，并且系统状态集也是离散且有限的。元胞自动机的关键要素为元胞（cell），它们均匀地分布在元胞空间中，并且元胞空间可以是1~n维。元胞之间可以相互影响，一个元胞所能影响的其他元胞的个数与分布称之为该元胞的邻居[①]。作为典型的空间模型，元胞自动机广泛应用于人员疏散或建筑疏散建模。研究的人员疏散系统建筑及事件信息传播中观模型，以及信息传播与情绪蔓延中微观多范式模型中运用的Cell-DEVS建模方法正是基于元胞自动机对建筑网格的细致刻画，并且元胞自动机在行人运动建模方面亦发挥重要作用。元胞自动机的形式化规范如下。

$$CA = <S, n, C, N, T, \tau, q.Z_0^+>\tag{4.3}$$

4. 离散事件系统规范

DEVS，即离散事件系统规范，由Zeigler提出，为离散事件系统提供了一种层次化、模块化的仿真建模方法，该方法不仅服务于离散事件模型，还为

---

① Burks A. W. Essays on cellular automata [M]. University of Illinois Press, 1970.

离散时间系统及连续时间系统等系统行为的执行提供计算基础。简单地说，DEVS有望作为一种具有最高普适性的仿真建模方法，实现对任意混合复杂系统的建模与仿真。离散事件系统范式侧重于变量值的变化，并生成分段常数的时间段，因此，事件是瞬时发生的变量值的变化。DEVS原子模型的形式化规范如下。

$$\text{AtomicDEVS} = < X, Y, S, \delta_{int}, \delta_{ext}, \delta_{conf}, \lambda, ta > \quad (4.4)$$

该范式的运行机理如图4-6所示：该系统范式定义了两类状态转换函数，包括内部转换与外部转换。具体情况为：①若系统没有外部事件发生（即没有外部输入），系统将保持S状态，该状态的时长为$ta(s)$ [ta是时间渐进函数，可以是一个实数，也可以取0或∞，这是两种极端的状况：若$ta(s)=0$，S称之为瞬时状态（transitory state）；若$ta(s)=\infty$，S处于静默状态（passive state），直至有外部事件发生]。系统将会在$ta(s)$时间期满时 [($e=ta(s)$)] 执行内部转换函数δ_{int}，转变状态为S'，并且在此之前按照输出函数$\lambda(s)$输出信号至系统外部。②若系统在时间渐进函数期满前 [($e \leq ta(s)$)] 接收到一个外部输入信号，则系统立即触发外部转换函数$\delta_{ext}(s, e, x)$，并且实现状态转换至S'，e将在事件发生时归零。

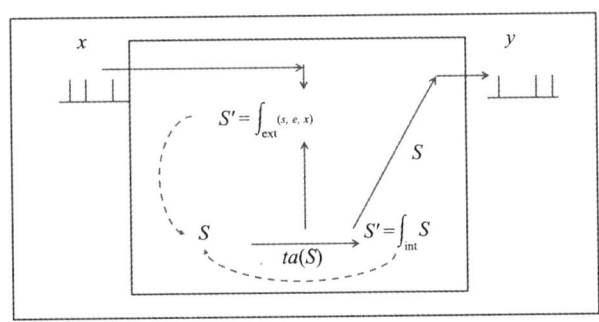

图4-6　DEVS的运行机理

DEVS是Cell-DEVS的基础，包括Cell-DEVS在内的一系列DEVS-Based模型作为仿真建模的前沿方法，越来越多地应用于应急疏散等领域。本研究的人员疏散系统建筑及事件信息传播中观模型，以及信息传播与情绪蔓延中微观多范式模型正是基于DEVS这一离散事件系统规范而建立起来的。

5. 元胞离散事件系统规范

Cell-DEVS是Wainer（1998，2009）[①]基于DEVS，结合元胞自动机，引入时滞函数提出的高级仿真建模规范。其实质是一个耦合的DEVS模型，元胞空间中的单个元胞即一个DEVS原子模型。因此，Cell-DEVS既保持了元胞自动机制定规则定义复杂离散空间动力系统的能力，又借助DEVS实现离散时间与离散事件混合系统的模型构建。其形式化规范如下。

$$TDC=< X, Y, S, N, type, d, \tau, \delta_{int}, \delta_{ext}, \lambda, D > \quad (4.5)$$

图4-7给出Cell-DEVS原子模型的运行机制：Cell-DEVS将元胞自动机的本地演化函数（$\tau: C_c \times N \times q.Z_0^+ \to C_c$）引入一般的DEVS规范。在DEVS定义外部事件发生时，模型通过输入端口接收此输入，外部转移函数δ_{ext}被执行，引起状态转移的过程，即$S \to S'$。因此，当一个元胞作为DEVS原子模型接收邻居元胞发出的外部输入时，首先触发本地计算函数τ，Cell-DEVS中函数τ的功能为计算该元胞下一个状态S'并且与S比较：①如果$S \neq S'$，则外部转换函数δ_{ext}被执行，同时预定一个内部转移函数δ_{int}，该函数在给定的时滞函数$delay$后执行，并在该内部转移发生前根据输出函数λ产生输出S'，同时将S'发送给元胞的其他邻居；②相反，如果$S = S'$，该元胞则恢复到静默状态，既不会预定内部转移也不会有任何输出，即$ta(S') \to +\infty$。

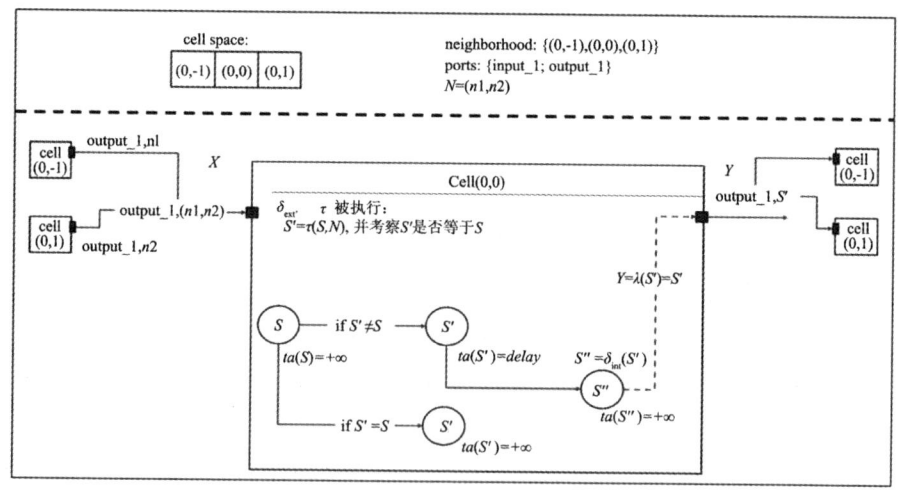

图4-7 Cell-DEVS原子模型的运行机制

[①] Wainer G. A. Discrete-event modeling and simulation: a practitioner's approach [M]. CRC press, 2009.

研究选择Cell-DEVS作为人员疏散系统建筑及事件信息传播中观模型，以及信息传播与情绪蔓延中微观多范式模型的主要建模方法，该方法的优越性包括以下几方面。

首先，元胞空间在描述建筑内的离散空间上具有相当的适用性，特别是可结合建筑信息建模，将建筑布局要素数据以变量的形式嵌入Cell-DEVS模型，实现模块化建模，即通过调整相关变量值转换仿真实验环境，而无须针对特定的建筑物（如住宅、公共场所等）重复建模工作。

其次，DEVS原子模型能够规范系统中的个体行为，并且根据本地演化函数定义单个元胞的行为规则，特别是系统内的元胞可以通过多端口（multi-ports）及多变量（multi-variables）进行信息沟通，实现元胞空间由n维到一维的简化。另外，元胞之间的信息沟通还可以用来描述疏散人员之间的社会化互动；

再次，耦合后的Cell-DEVS模型可规范疏散系统的整体结构，Cell-DEVS模型之间可以通过给定的元胞实现耦合，Cell-DEVS与DEVS模型之间亦可以实现耦合建模，这有利于疏散系统中水平疏散与垂直疏散的完整建模，建筑平面与楼梯、电梯等垂直空间的耦合建模等。

最后，Cell-DEVS的建模与仿真工具CD++可开放获取，RESTful CD++远程仿真网络服务器也允许研究者登陆，执行仿真实验。

4.1.4 建模与仿真工具

本研究主要运用了3个建模与仿真工具，分别是矩阵实验室（MATLAB）、CD++，以及RESTful CD++。其中CD++是一种基于DEVS系统范式与Cell-DEVS规范语言的建模与仿真工具，由Wainer（2002）的研究团队开发[①]。RESTful CD++是由Al-Zoubi和Wainer（2008，2015）[②][③]开发的分布式仿真系

---

① Wainer G. CD++: a toolkit to develop DEVS models [J]. Software: Practice and Experience, 2002, 32 (13): 1261-1306.

② Wainer G. A., Madhoun R., Al-Zoubi K. Distributed simulation of DEVS and Cell-DEVS models in CD++ using Web-Services [J]. Simulation Modelling Practice and Theory, 2008, 16 (9): 1266-1292.

③ Al-Zoubi K., Wainer G. Distributed simulation of DEVS and Cell-DEVS models using the RISE middleware [J]. Simulation Modelling Practice and Theory, 2015, 55: 27-45.

统，它是CD++ Toolkit核心引擎的扩展，可以执行DEVS和Cell-DEVS模型的仿真。因此，RESTful CD++的显著特点是改进了仿真执行的互操作性，即一个无缝的方法被连接到云计算环境，从而使得仿真的性能得以改进。本研究应用RESTful CD++作为人员疏散系统建筑及事件信息传播中观模型，以及信息传播与情绪蔓延微观模型的远程仿真工具。在执行仿真实验时，需按照RESTful CD++定义的APIs进行（见图4-8），仿真实验返回的结果界面如图4-9所示。

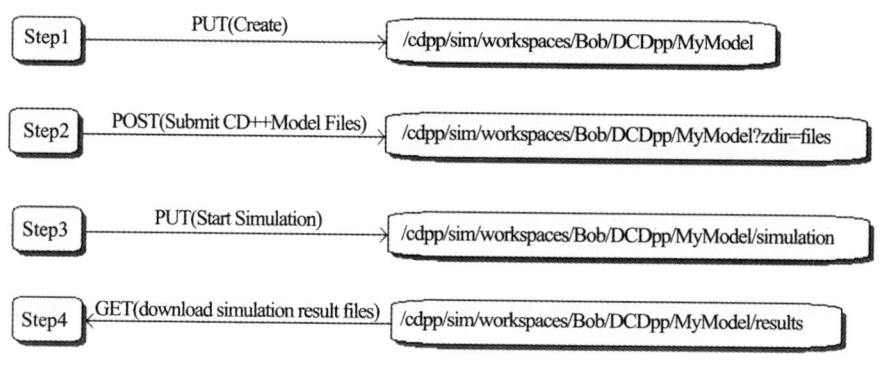

图4-8　RESTful CD++仿真执行APIs

4.1.5　多范式模型框架

由于人员疏散系统的开放性与复杂性，其系统范式不单纯属于连续时间、离散时间，抑或离散事件等。同样的，模型根据其所描述的系统不同，也存在范式上的差异：例如，建筑信息模型通常属于空间模型范式（如元胞自动机），人群的"速度-流量-密度"关系通常使用约束模型范式（如常微分方程），个体的移动与互动等离散事件可以使用DEVS模型范式（如Cell-DEVS），恐慌情绪的蔓延可以使用描述模型范式（如有限状态自动机）。因此，为了实现构建人员疏散系统的目标，针对不同模块、不同抽象层级选用相适应的模型范式可以保证系统的计算与优化。但是，针对不同模型范式分别执行仿真实验，一方面要求多种仿真工具，另一方面其实验结果无法整合分析，因此不可行。为克服模型范式多样性与仿真执行唯一性的矛盾，选择基于DEVS系统范式的CD++ Toolkit，先将其他范式模型转换为DEVS模型（具体为Cell-DEVS模型），进而利用基于网络服务的RESTful CD++分布式仿真工具执行仿真实验。人员疏散系统多范式模型基本架构如图4-10所示。

```
evacuationlab Framework State

Description:

This model Simulates Evacuation Model with Familiarity Degrees.

Restricted: false

Download Last Simulation Results
Download Model Debugging/Statistics Logs

Time of Framework's Owner Last Activity: 2016-11-15 04:13:43

Previous Simulation Run Total Execution Time: 4238.543 Seconds.

Simulation Status: DONE (Please see descriptions below)

Simulation Status Descriptions:
  1. IDLE: Simulation was never run on this framework.
  2. INIT: Simulation is being initialized this framework.
  3. RUNNING: Simulation is currently running in this framework.
  4. STOPPING: Simulation is being stopped in this framework.
  5. DONE: Previous simulation run has completed successfully.
  6. ABORTED: Previous simulation run was aborted by Owner before completion.
  7. ERROR: Previous simulation was exited on ERROR.

CD++ Options:
  • Simulation Stop Time: 00:05:00:000
  • Parsing (used for debugging): false
```

图 4-9 RESTful CD++仿真执行的返回界面

4.2 宏观层级:人员疏散系统决策信息传播

本节从连续时间系统范式的角度考察人员疏散系统,构建宏观层级的系统动力学模型UEWS。尽管宏观模型无法细致刻画个体的行动轨迹、个体之间的互动关系等,但却是观察人群流动的速率-流量-密度关系的有效视角。

4.2.1 个体智能与信息传播

信息技术的不断成熟和互联网、移动网络、社交网络等的普及大大加速了信息的传播效率;相反的,信息的质量也越来越难以保障,虚假信息的快速蔓延则降低了信息的有效传播,甚至成为恐慌心理在人群中蔓延的首要原因。当今世界,应急疏散的参与主体已不仅限于应急疏散人员本身,较高层面的指挥层、决策层,救援力量集中的执行层、工作层,疏散人员内部与外部的沟通,还有事件外围的关注者均在这一过程中传播着各类信息,并在疏散人员的决策中有影响作用。因此,本研究着眼于应急疏散人群中的信息传播,最直接的即是疏散个体与其友邻、家庭成员和其他存在社会化关系的人员之间的信息传播,以及该信息传播所能造成的个体和群体的决策与行为转变的过程。

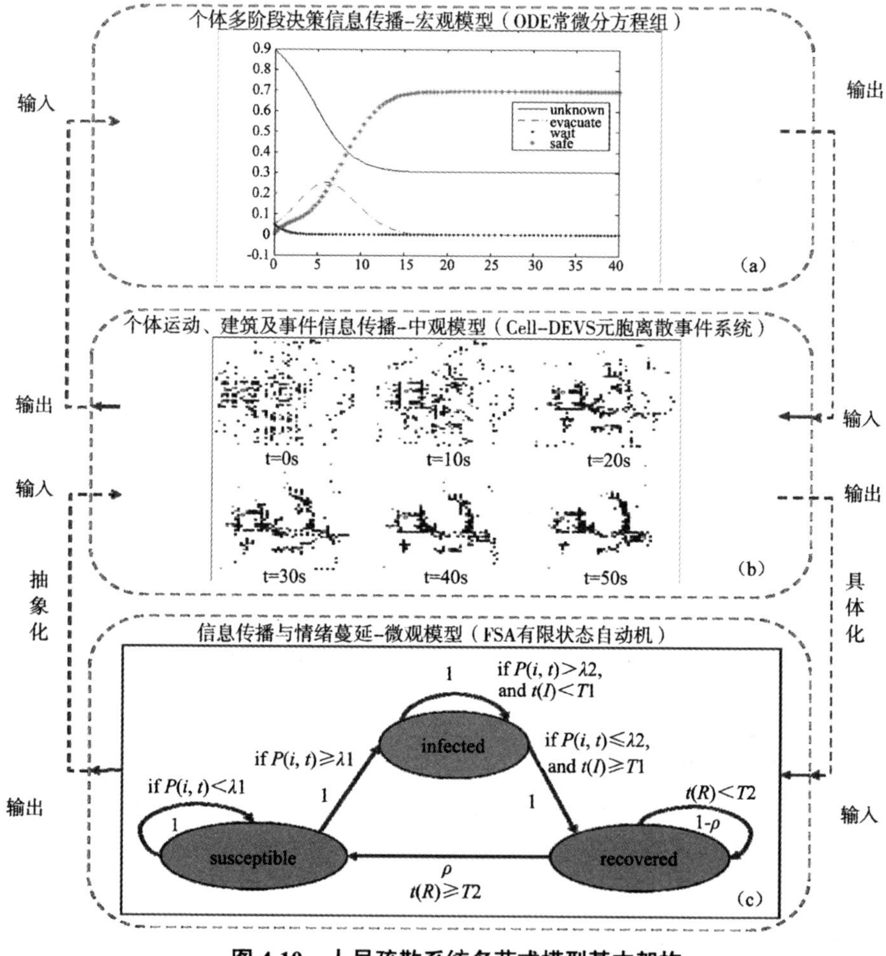

图 4-10 人员疏散系统多范式模型基本架构

模仿型的行为转变是自组织行为的主要表现之一,即两个个体中的一者在互动中存在趋于改变为与对方一致的行为策略,并以一定的转化率来表示。

因此，在一个应急疏散组织中，个体间的相互作用构成了一个动态的疏散网络，而链接着网络中诸多个体的即是个体智能所发出的决策信息：首先，应急疏散人群中有人率先发现危机，并将该危机的形式、强度、趋势等以信息的形式传播给友邻个体；其次，这些接收到信息的友邻个体根据自己的判断，包括其个体特征、认知水平、环境熟悉程度等做出行动决策；最后，智能个体再次将决策信息进行传播，如此这般，便形成了信息的放射状传播，如图4-11所示。图4-11是一个星形拓扑图，图中黑色圆点表示信息的源头，蓝色圆点、白色圆点表示信息的终端，信息传播至白色圆点后即不再继续传播，信息的质量在传播过程中势必受到损耗与扭曲。尤其是在建筑内，疏散人员的存在形式往往是以社会化关系作为关联的小团体，因此，智能个体的决策往往传播给小团体和组织中的其他个体，这也是自组织行为的显著特征之一。

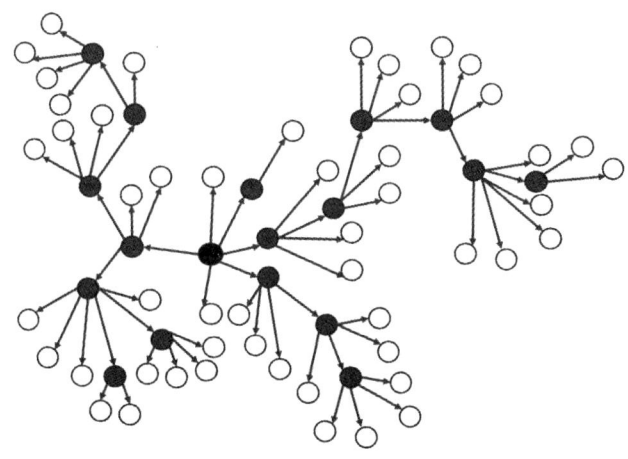

图4-11 应急疏散中智能个体的决策信息传播拓扑图

4.2.2 自组织行为与友邻效应

假设网络中的智能个体为上述星形拓扑图中的智能节点，疏散个体的智能表现在决策传播过程中的决策与行为的转变，与其他传播类型不同，疏散个体并非没有选择地被动接收信息，个体的选择与个体的自身特征与自组织特征有着重要关系。个体的决策可以定义为未知、立刻疏散、等待救援、确认安全等，个体的不同决策会导致个体对决策信息的传递产生不同的行为。未知状态是未接收到决策信息的节点，也是网络中所有节点的初始状态；立刻疏散与等待救援的决策代表信息经过了智能节点的处理，并且有倾向地将自己的决策信息传递给其他友邻；确认安全则表示决策信息传播的停止，不再向其他友邻进行决策信息的传播。

另外，自组织行为引发的信息传播亦可以引起不同决策间的转换，如模仿型的行为转变（个体转变自己的行为及决策，并且使得对方转变为自己原有的行为及决策）、规避型行为转变（个体在遇到与之行动策略相同的另外一个个体时，倾向于改变自身策略以规避相同行动方案的行为，通常是由于逆反效应与逆反行为的指导而选择与他人不一样的行动策略），以及折中型行为转变（个体遇到与之不同行动策略的另一个个体，并且在原有策略不能够维持的情况下而需要被迫转变为新的行动策略的趋势）等。

当然，如果持相同行动决策的友邻越多，那么越会增加个体向该种行动决策转变的概率，但该种影响力是递减的，这种友邻对个体影响的边际递减的机制称为"友邻效应"。友邻效应的函数如图4-12所示。

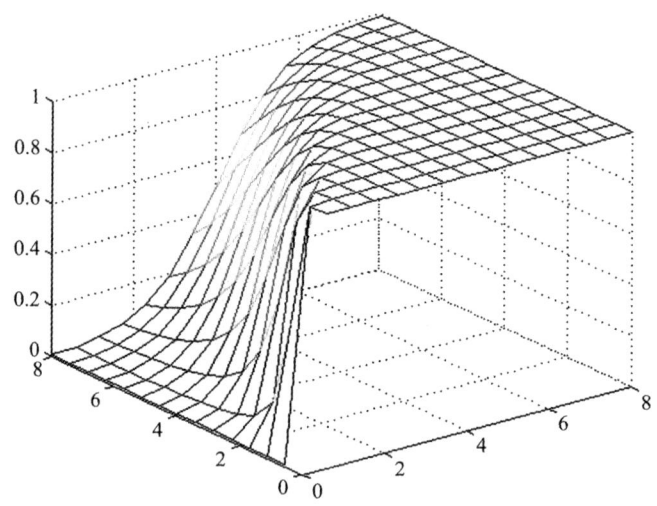

图4-12　友邻影响函数

4.2.3 基于决策信息传播的UEWS疏散模型

基于自组织行为的规律和行为转变的动态过程，假设疏散中个体呈现4种决策状态，分别是未知（unknown）、立即疏散（evacuate）、等待救援（wait）、确认安全（safe），其状态转移如图4-13所示。

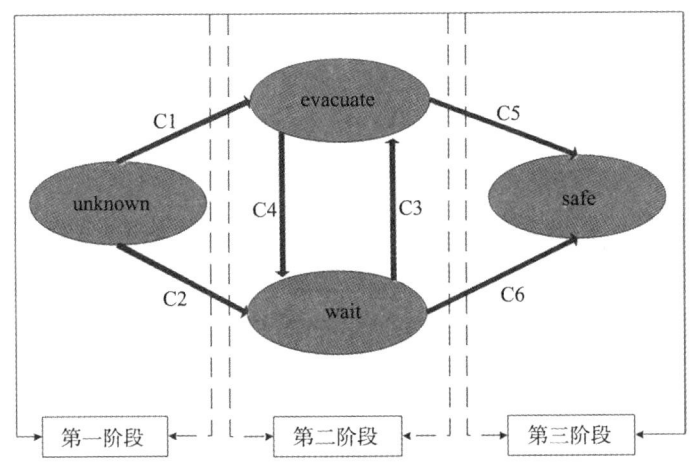

图4-13　UEWS模型状态转移图

定义N=1, 2, $\cdots$, n为疏散空间有限但较大的节点集合，$U(t)$、$W(t)$、$E(t)$、$S(t)$分别表示在t时刻，该集合中处于未知、正在疏散、等待救援和已确认安全的所有智能节点的密度。对于任意节点i，假设其状态为S_i，$S_i \in \{U, E, W, S\}$，$\{C_1, \cdots, C_6\}$分别表示4种状态之间的转换率。

1. 第一阶段：感知灾情与个体决策

处于未知状态U的节点会以转化率C_1转化为立即疏散的节点，以转化率C_2转化为等待救援的节点。C_1、C_2描述的是疏散个体在感知灾情后做出不同个体决策的倾向性。这一倾向性一方面受到群体的密度影响，比如友邻、家庭成员等因素，另一方面则受到个体的个性特征及社会化因素的影响。因此，我们对转化率进行如下定义。

$$C_1 = \gamma_e \times E(t) \quad (4.6)$$

$$C_2 = \gamma_w \times W(t) \quad (4.7)$$

其中，γ_e、γ_w描述了疏散个体的决策导向强度。

2. 第二阶段：个体行动与决策调整

当个体开始行动之后，由于受到友邻的影响，以及行为转换等机理的作用，产生诸如模仿、规避和折中等行为转变，使得在一定条件下，选择等待救援决策的节点在转化率C_3的作用下转换为疏散决策（公式4.8）。同时，也有一部分选择立即疏散决策的节点在转化率C_4的作用下转换为等待救援决策（公式4.9）。

$$C_3 = \sum_{an=0}^{k} \beta_e \times f(k,an) \times \binom{k}{an} E(t)^{an} (1-E(t))^{k-an} \qquad (4.8)$$

$$C_4 = \sum_{an=0}^{k} \beta_w \times f(k,an) \times \binom{k}{an} W(t)^{an} (1-W(t))^{k-an} \qquad (4.9)$$

其中，β_e、β_w定义为灾情的程度（例如火势的大小等），即对于不同决策间转换的影响的度量。另外，在该阶段的建模中应引入友邻效应函数（公式4.10），$f(k,an)$即为友邻影响函数。

$$f(k,an) = (1 + e^{-10 \times \frac{an}{k} + 5})^{-1} \qquad (4.10)$$

3. 第三阶段：确认安全

做出行动决策并经过行为调整的智能节点随着疏散的进行和时间的推进，将逐步进入确认安全的状态，无论是被成功救援的节点还是成功疏散的节点，在这一阶段都运用通用疏散时间函数（见公式4.11）来定义立即疏散及等待救援两个状态向安全状态的转移过程，而C_5、C_6则分别描述这两种转变的转化率（公式4.12及4.13）。

$$\varphi(t) = N_k (gB)^{-1} + \left(\frac{k_s}{v}\right) \qquad (4.11)$$

$$C_5 = \infty_e \times \sum_{V_i^0=a}^{b} \frac{\varphi(t) - (k_s/V_i^0)}{(gB)^{-1} \times Na} \times \frac{1}{b-a} \qquad (4.12)$$

$$C_6 = \infty_w \times \left(1 - \sum_{V_i^0=a}^{b} \left|\frac{V_i^0 - V_i^0(0)}{V_i^{max} - V_i^0(0)}\right|\right) \times \frac{1}{b-a} \qquad (4.13)$$

其中，Na表示节点总数，k_s表示Na中第一个移动到门或者走廊的距离（m），V_i^0表示人群的移动速率，t表示疏散时间（s），B表示通道宽度（m），g表示通道（门或走廊）中人群流动的系数（人/m×s^{-1}），$[t-(k_s/V_i^0)]/$

$[(gB)^{-1} \times Na]$表示随着时间的推进，抵达安全地区的节点密度。

公式4.13中的$[V_i^0-V_i^0(0)]/[V_i^{max}-V_i^0(0)]$则是恐慌程度，即$n_i$，当$n_i$趋近于0时，表示恐慌程度的最小化，当$n_i$趋近于1时，表示恐慌程度的极大化[1，143]。

相同的，$V_i^0(0)$表示恐慌发生前的正常速度；V_i^{max}表示最大的理想速度；$V_i^0(t)$为当前速度。在仿真中，最大的理想速度V_i^{max}赋值3m/s，突发事故发生时个体的速度V_i^0一般不超过1.5m/s，在具体模拟时取0.5~1.5m/s的均匀分布（$a=0.5$，$b=1.5$），正常速度大小$V_i^0(0)$赋值1m/s。

另外，α_e、α_w表示疏散及等待救援的速率加速度或者延缓。

4. UEWS动力学模型

我们构建UEWS模型如下。

$$\begin{cases} \dfrac{dU_k(t)}{dt} = -(C_1+C_2) \times U_k(t) \\ \dfrac{dS_k(t)}{dt} = C_5 \times E_k(t) + C_6 \times W_k(t) \\ \dfrac{dE_k(t)}{dt} = C_1 \times U_k(t) - C_4 \times E_k(t) + C_3 \times W_k(t) - C_5 \times E_k(t) \\ \dfrac{dW_k(t)}{dt} = C_2 \times U_k(t) - C_3 \times W_k(t) + C_4 \times E_k(t) - C_6 \times W_k(t) \end{cases} \quad (4.14)$$

其中，$U_k(t)+E_k(t)+W_k(t)+S_k(t)=1$。

5. 模型参数

UEWS模型的参数分为4类：①与应急疏散外部环境相关的系统参数；②描述疏散人员运动特征的个体行为参数；③描述行为转变及状态转移的状态转移参数；④描述应急疏散系统的初始状态的初始化参数。具体参数及其定义见表4-1。

表4-1 UEWS模型参数及定义

分类	参数	参数定义	描述
系统参数	t	0~40	应急疏散的持续时间
	$f(k, an)$	$(1+e^{-10\times\frac{an}{k}+5})^{-1}$	友邻影响函数
	k	—	节点i的度，即一个节点所有的友邻的个数
	an	0~k	节点i的友邻中做出行动选择的友邻的个数
	$\varphi(t)$	$N_k(gB)^{-1}+\left(\frac{k_s}{v}\right)$	通用疏散时间函数
	Na	—	该楼层需要疏散的总人数
	N_k	$\frac{t-(k_s/v)}{(gB)^{-1}}$	该楼层已经疏散的人数
个体行为参数	B	2m	通道宽度
	g	1（人/m×s^{-1}）	通道（门或走廊）中人群流动的系数
	k_s	1m	N_a中第一个移动到门或者走廊的距离
	$V_i^0(0)$	1m/s	恐慌发生前的正常速度
	V_i^{max}	3m/s	最大的理想速度
	$V_i^0(t)$	0.5~1.5m/s	当前速度
状态转移参数	γ_e	可变	疏散个体选择立即疏散的决策导向强度
	γ_w	可变	疏散个体选择等待救援的决策导向强度
	β_e	可变	灾情的程度对于个体转向立即疏散决策的影响强度
	β_w	可变	灾情的程度对于个体转向等待救援决策的影响强度
	$\propto_e$	可变	疏散的速率加速度
	$\propto_w$	可变	等待救援中恐慌程度的削弱
初始参数	$U(0)$	可变	应急疏散之初，未知状态下节点相对密度
	$E(0)$	可变	应急疏散之初，立即疏散状态下节点相对密度
	$W(0)$	可变	应急疏散之初，等待救援状态下节点相对密度
	$S(0)$	可变	应急疏散之初，确认安全状态下节点相对密度

4.2.4 情景实验1：应急疏散决策信息传播

令状态转移参数（$\gamma_e, \gamma_w, \beta_e, \beta_w, \propto_e, \propto_w$）的值等于（0.5，0.5，0.5，0.5，0.5，0.5），令初始化参数（$U(0), E(0), W(0), S(0)$）的值等于（0.9，0.05，0.05，0），利用MATLAB对UEWS模型进行数值模拟分析，图4-14是根据四阶龙格-库塔算法、调用ode45函数的计算结果。

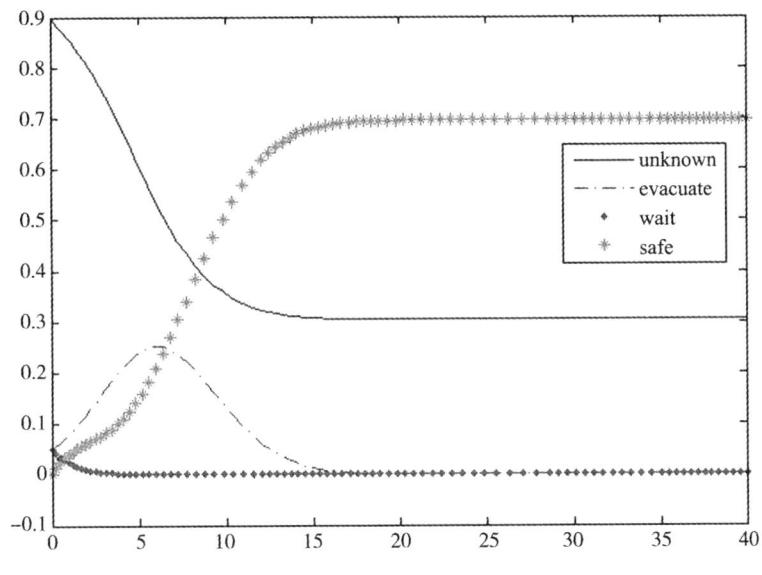

图4-14　UEWS模型标准参数数值模拟结果

从图4-14中可见，假设90%的疏散人员的初始状态是未知灾情的发生，感知到灾情出现，并分别做出立即疏散的行动决策及等待救援的行动决策的人员各有5%。随着时间的推移，在此过程中，由于自组织行为的存在，开始出现行为的转变，处在上述三种状态的人员密度有所变化：首先，灾情信息的传播，促使未知状态下的人群迅速转变为立即疏散和等待救援两种；其次，根据个体对灾情的情势判断及友邻的影响，立即疏散的人员密度与等待救援的人员密度开始出现增长立即疏散决策的人员密度经过一个迅速增长后，开始放缓增长的态势，当达到最高点时开始下降，而等待救援决策的人员密度经过一个短暂的增长后基本出现了一个持续的、缓慢的下降过程；最终，三种状态都呈现递减的趋势，在有限的时间里，约70%的疏散人员达到确认安全状态，但由于信息传播的时滞,仍存在一部分节点始终处于未知状态。将上述模拟结果作为参照组,分别对可变的参数(状态转移参数及初始化参数)进行敏感性分析,可以做进一步的比较分析。根据仿真结果得到以下结论。

在自组织行为规律的驱动下,应急疏散呈现多阶段的特点。在不同阶段,由于个体不断接收外部环境信息及其他个体决策信息,同时也向周围友邻输出其自身的行为决策信息,因此群体的疏散行为呈现一系列的社会化特征。本节通过UEWS模型的构建、数值模拟及相关参数的敏感性分析,剖析疏散个体间决策信息的传播对疏散效率的影响。研究结果表明:①随着决策信息传播的范围扩大,疏散人员更加倾向于尽早做出行动决策,从而提升疏散效率;②在不同灾情程度下,友邻效应均是决策信息传播的关键因素;③恐慌情绪及其传播不利于疏散行动,但是恐慌情绪的消弭速率的提升将提高疏散效率。因此,面对危机,应急部门与操作单位首先要保证应急预案的合理计划、应急通道的畅通;其次,在疏散前、疏散中保证信息传播渠道的畅通,掌控信息传播的媒介,使得信息传播的范围最大化;最后,在疏散中与疏散后尽可能加速恐慌情绪的消弭,提升疏散个体与群体行动决策的合理性与有效性。

4.3 中观层级:人员疏散系统建筑及事件信息传播

4.3.1 人员疏散系统社会化互动因素

社会化互动方式取决于系统中的个体所携带的社会化属性。例如,疏散人员是否接受过培训(出入建筑的频次、疏散演练、示意图学习)是个体的关键社会化属性,与其相关的个体与环境的互动方式则表现在人员对建筑信息的掌握情况,即不同的熟悉程度对疏散路径的选择可能有显著差异。如果加入沟通与引导(言语或手势、外向型人格)等社会化属性,与其相关的个体间互动会复杂化疏散行为,对建筑更熟悉的人员可能传播建筑信息(follow-direction)或带领同伴(follow-me)疏散,因此个体间互动也会使个体与环境的互动复杂化。本节在建模时通过一系列的规则来定义上述互动方式。表4-2展示了人员疏散系统中的社会化属性及其互动方式,Cell-DEVS模型将通过定义这些因素所映射的行为规则来描述系统行为。

表4-2　人员疏散系统中的社会化属性、互动方式及规则

互动类型	社会化属性	互动方式	相关规则
个体与环境互动	速率	据灾情信息调整	①预疏散
	培训	环境信息处理	⑤独立决策
	偏好	遇障碍后行进倾向	⑥随机决策
	等待半径	移动前空间需求	⑩出口规则
	机动性	视环境动态调整	⑨避障规则
	恐慌	提速与破坏规则	②速率匹配
	环境开发	探索新路线	⑧孤立决策
个体与个体互动	沟通	传递建筑环境信息	④视野；⑦"Follow-direction"规则
	推挤	尊重他人或排队	③优先权
	个体空间	同移动倾向下妥协	③冲突解决机制
	等待计时	同移动倾向下妥协	③优先权；冲突解决机制
	领导力	帮助他人路径选择	⑦"Follow-me"规则
	情绪蔓延	恐慌情绪传播	——

注：①~⑩来自4.3.3行为规则。

具体如下。

（1）速率——尽管行进速率属于人员对其物理位置的管理范畴，但是受诸多社会化因素的影响，例如对环境信息和突发事件信息的掌握程度，以及个体的情绪水平等，另外，速率并非是一成不变的，在疏散过程中，个体根据上述影响因素进行速率调整。

（2）培训——访问频率、疏散示意图学习、疏散演习等，均可以影响个体对疏散环境的熟悉程度，进而显著影响疏散路径的选择，因此该属性与预疏散、独立决策和随机决策等规则密切相关。

（3）偏好——偏好属性可以定义个体遇到障碍物之后的行动调整偏好，例如，实验表明大部分人员更加倾向于在遇到障碍或其他个体时右转规避。

（4）等待半径——等待半径表示个体在移动之前需要与其他个体维持一定的空间距离。

（5）机动性——机动性属性映射到避障规则，意味着个体能够根据环境变化而动态修正其路径选择。

（6）恐慌——恐慌属性映射至速率匹配规则，可能使行进速率提升。

（7）环境开发——一个不熟悉疏散环境需要孤立做出疏散决策的人员更有可能探索新的行动路径，另外，当人群阻塞时也会增加人员探索新路径的可能性。

（8）沟通——沟通属性意味着在疏散过程中存在着信息传递，其传递方式包括语言、手势等，这与人员的内向型人格特征或外向型人格特征相关，该属性可能触发跟随规则。

（9）推挤、个体空间、等待计时——推挤、个体空间、等待计时三个属性共同作用，决定个体在疏散过程中是否能够尊重他人，或者遵循一定的优先权原则。

（10）领导力：与建筑信息传递不同，小团体中的领导核心不仅肩负着信息传递的功能，还会成为"向导"，给予其他个体更为直接的行动指导。

（11）情绪蔓延——在应急状况下，个体的情绪（主要是恐慌情绪）会传染给其他人，这种情绪传染会在整体人员间扩散，情绪蔓延属性的状态转变更为微观，因此本书将在下一章节做深入讨论。

另外，引入 *phase* 与 *movement* 两个变量描述行人运动模块，引入 *layout* 变量来描述仿真实验环境的建筑信息模块，引入 *pathway* 变量将上述两个模块耦合，实现行人与物理位置的互动关系描述。

（12）引入熟悉程度变量，描述差异化个体处理环境信息的能力，改进以往模型中路径选择局限于最短路径的运动算法。

（13）基于熟悉程度的差异，赋予疏散人员视野、沟通与引导等社会化属性，建立个体间有关建筑信息的传播和行动选择机制，使得模型不局限于寻找疏散瓶颈、识别"羊群效应"等基本假设。

（14）设计速率区块，区分不同位置的疏散人员与事件源之间的关系，建立速度调节与速率匹配机制，改进事件信息不对称引起的预疏散时间差异，为决策转变等系统行为增加社会化互动因素的指导。

4.3.2 建模框架

图4-15为Cell-DEVS建模与仿真的过程。

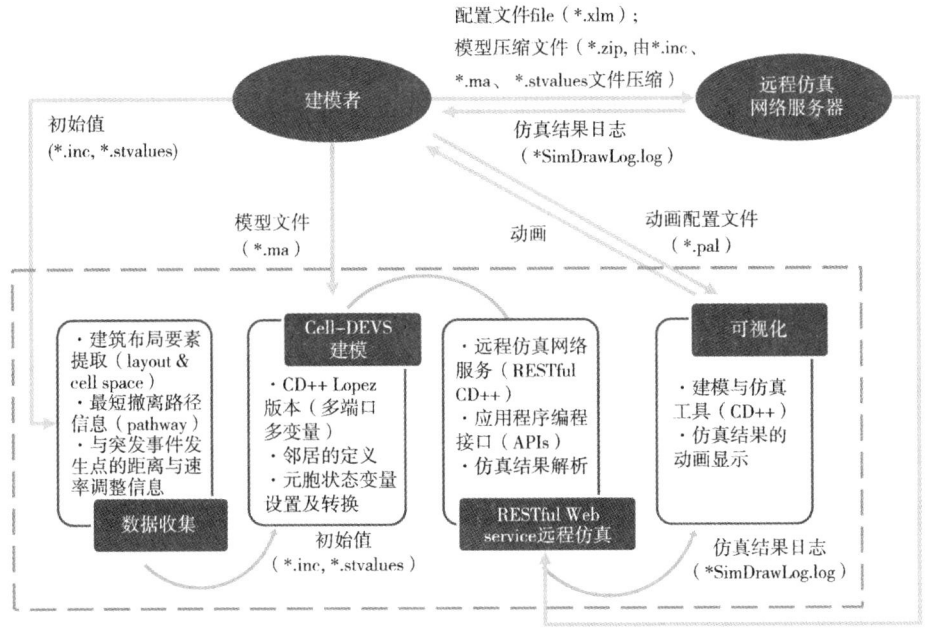

图4-15 Cell-DEVS建模与仿真过程

4.3.3 情景实验2：应急疏散建筑及事件信息传播

本研究以上海某大学图书馆某层作为仿真实验的背景（如图4-16），单层建筑面积约2 304m²，长宽分别为48m，包括1个主楼梯间、3个应急楼梯间，其座位可容纳约360人。该平面被划分为53×53的元胞空间，单个元胞面积为0.9m²×0.9m²（图4-17）。

图4-16　仿真实验环境快照

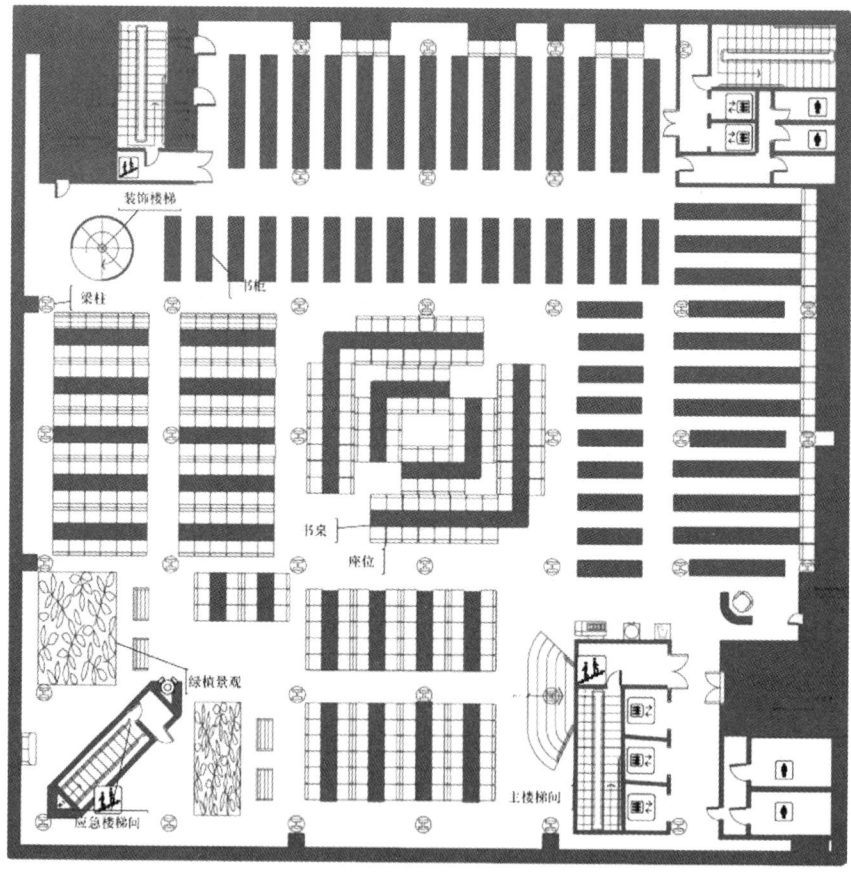

图4-17　仿真实验建筑布局平面图

1. 城市大数据收集

借助CD++仿真工具建模,需要获取相关变量的原始数据并存储于*.stvalues文件中。该数据包括以下3类。

建筑布局要素信息(比如墙壁、家具、景观植物等障碍物,出口、楼梯间、电梯间等撤离目标,走廊、过道、座位等可移动区域的坐标)。城市大数据共享平台的建设,尤其是IFCs标准的应用可以突破该类数据获取难的问题。

最短路径(建筑内任意位置到最近出口的最短路径)。模型通过在元胞空间绘制泰森多边形来计算每个元胞最高效率撤离方向(图4-18)。

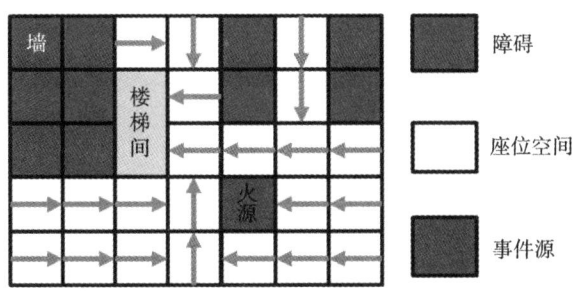

图4-18　泰森多边形最短路径

速率区块。与突发事件发生点的距离可能使撤离前准备时间与启动撤离行动的速率产生差异,以事件源为中心,依不同半径划分区块(图4-19)。

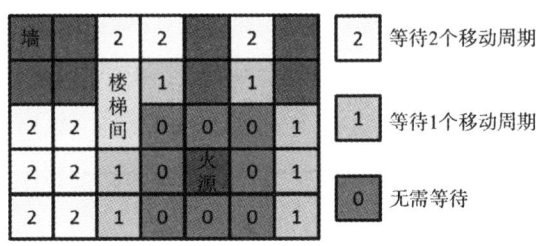

图4-19　速率区块

上述初始值数据在*.stvalues文件以$(x, y)=(m, n, k)$的形式储存,m、n和k分别表示$layout$、$velocity$和$pathway$取值。表4-3给出了元胞状态(Cell State)变量的定义:例如,$(9, 30)=(2, 0, 0)$表示在建筑内$(9, 30)$坐标位置的布局要素

为墙壁、书柜或桌子等疏散人员无法进入的障碍区域，因此*layout*=2，同时*velocity*=0，*pathway*=0；再如，(21, 50)=(1, 2, 8)表示该坐标位置是可供疏散人员占据并移动的座位，在此坐标位置所在的区块内移动的速率较低，如想通过最短路径达至出口，下一步的移动方向为↓。

表4-3　Cell-DEVS模型状态变量及定义

变量	赋值	定义	变量	赋值	定义
初始值变量（initial value）			输入/输出端口（input/output ports）		
pathway	5	→	*phase*	1	方向选择（intent）
	6	↑		2	授权询问（grant）
	7	←		3	等待移动（wait）
	8	↓		4	移入/离开（move）
velocity	0	高速	*familiarity*	0	空元胞（empty）
	1	中速		1	高熟悉度（high）
	2	低速		2	中熟悉度（medium）
				3	低熟悉度（non）
layout	0	空间	*movement*	0	空元胞（empty）
	1	座位		1	被占据（occupied）
	2	障碍		10-18	选择一个意向移动方向
	3	出口		20-28	意向元胞请求移动授权
	4-11	接近出口		31-38	意向元胞取得下一时刻移动授权
				39	意向元胞的移动授权请求被拒绝
				40-48	目标元胞发出授权

此外，如果有宏变量（#Macro）则需储存在*.inc文件中。

2. 变量定义

在eclipse平台上，使用CD++的López版本[①]构建Cell-DEVS模型。如图4-20所示，该模型定义元胞数为*η*=5×5的扩展moore型邻居，坐标为（-2, 2），

---

① López A., Wainer G. Improved Cell-DEVS model definition in CD++［J］. Lecture Notes in Computer Science, 2004, 3305：803-812.

4 面向智慧城市的人员疏散系统多范式模型框架与仿真机制

（–2, –1），…，（0, 0），…，（2, 2）。

(-2,-2)	(-2,-1)	(-2,0)	(-2,1)	(-2,2)
(-1,-2)	(-1,-1)	(-1,0)	(-1,1)	(-1,2)
(0,-2)	(0,-1)		(0,1)	(0,2)
(1,-2)	(1,-1)	(1,0)	(1,1)	(1,2)
(2,-2)	(2,-1)	(2,0)	(2,1)	(2,2)

图4-20　扩展moore型邻居

每个元胞被赋予6个状态变量（定义见表4-3）：$phase$（阶段）、$familiarity$（熟悉程度）、$movement$（移动）3个为输入/输出端口（input/output ports），在模型中以"~"符号引出，邻居元胞通过3个端口互通，变量值可变；$layout$（布局）、$velocity$（速率区块）、$pathway$（路径）为初始值变量（initial value），以"$"符号引出，变量值不可变。

通过变量$movement$与$phase$相互配合在1～3个周期内的转移，诠释个体移入一个空元胞或移出一个元胞的基本过程。1个移动周期由4个delay时间步长组成，并完成$phase$变量值由1至4的转变。

个体移动的基本过程为：个体首先依据其物理及社会化属性有目的或随机地选择一个邻居元胞作为目标发出移动请求，在取得目标元胞的授权后立即或等待1至2个周期后移出所在元胞，等待时长取决于所在的速率区块与疏散的进程。如果在冲突解决机制下移动请求被拒绝，则保持原有元胞占位并进入新一轮的决策与行动周期；而空元胞的算法是在被询问时依据优先权规则发出移动授权并接纳新个体移入。

3. 行为规则

人员疏散系统Cell-DEVS模型中的具体行为规则定义如下。

（1）预疏散：在事件突发时，灾情信息不对称使距离事件源越近的人员的疏散准备时间越短、启动疏散越快。

（2）速率匹配：随疏散进程发展，各速率区块中的个体非均匀提速，其移动速率与周围组群逐渐趋同。

（3）优先权与冲突解决机制：如果有两个或两个以上个体对同一个空元胞发出移动请求，那么该目标元胞首先依顺序解决该冲突，即赋予→方向移动最高优先权，其次是↗、↑、↖、←、↙、↓、↘等方向（如图4-21）。

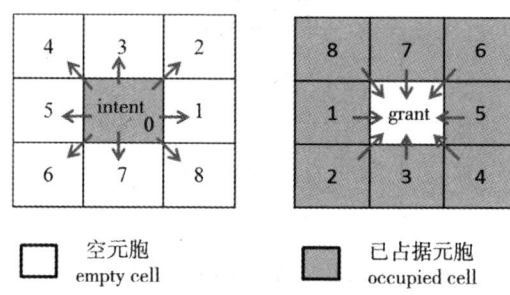

图4-21 移动优先权定义

（4）个体视野：疏散人员的视野为其潜在移动方向上包括8个邻居元胞在内的扇形范围（图4-22中绿色元胞部分）。

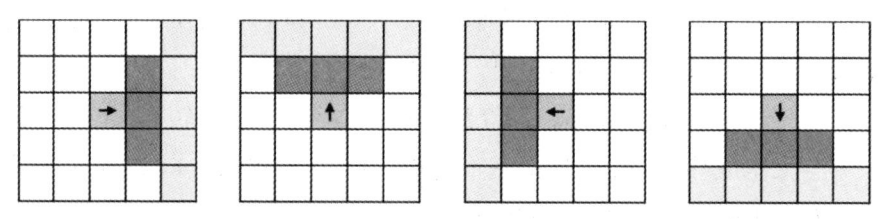

图4-22 个体视野定义

（5）独立决策：高熟悉度个体依最短路径撤离，包括→、↑、←、↓等4个方向（如图4-18）。

（6）随机决策：中熟悉度个体依概率在8个方向上选择移动，例如 $pathway=5$ 时，个体选择向→、↗、↘、↑、↓、↙、↖、←等方向移动的概率分别为70%、10%、10%、3%、3%、2%、1%、1%，即耗时较少且可寻到高效率路径（如图4-23）。

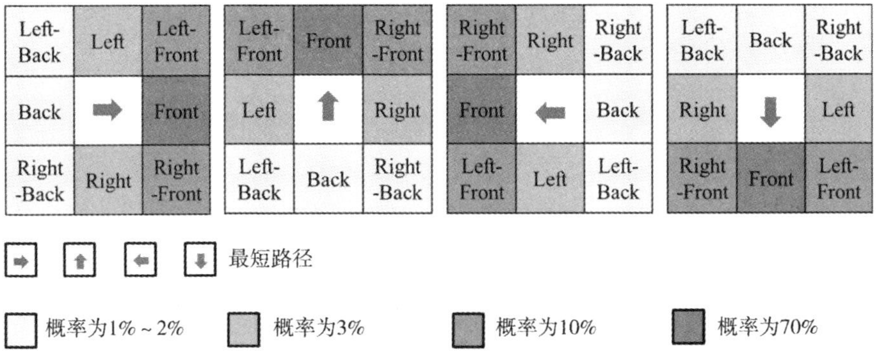

图4-23 随机决策定义

（7）"Follow-me/follow-direction"：个体不熟悉环境且在视野内有较高级熟悉度的邻居存在，则接收该邻居的建筑信息传递并跟随行动，距离越近的个体间具有越强的信息沟通能力（如图4-24）。

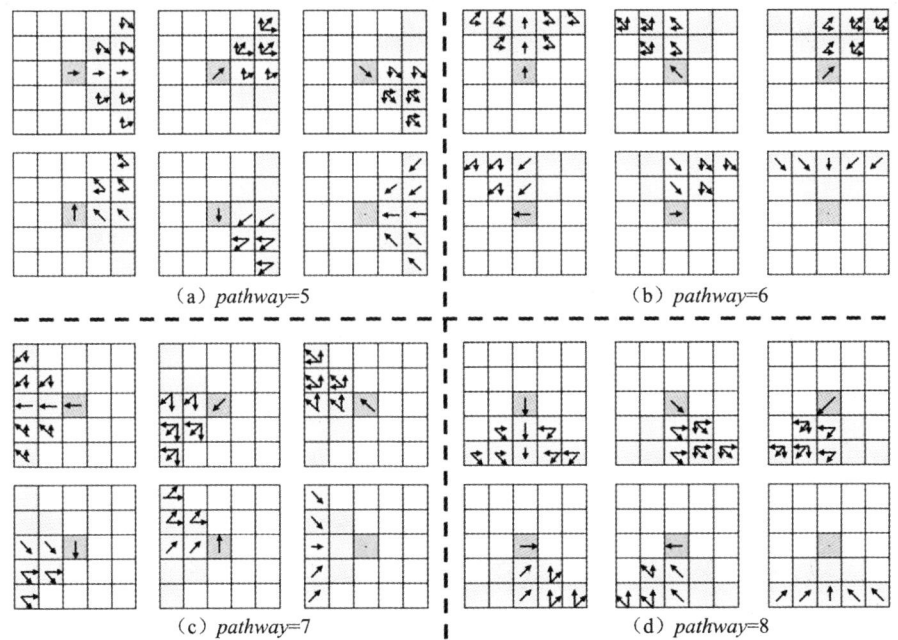

图4-24 "Follow-me/follow-direction"定义

（8）孤立决策：个体不熟悉环境且在视野内没有更高级熟悉度的邻居存在，可在8个方向依概率随机选择移动，但耗时较多且直至出口附近才可顺利撤离（如图4-25）。

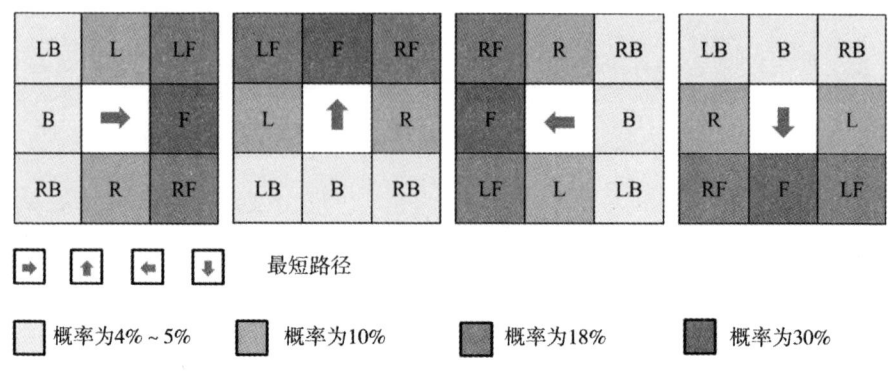

图4-25 孤立决策定义

（9）避障规则：当个体向障碍所在元胞发出移动请求遭拒绝时，个体需重新选择目标并发出请求（如图4-26）。

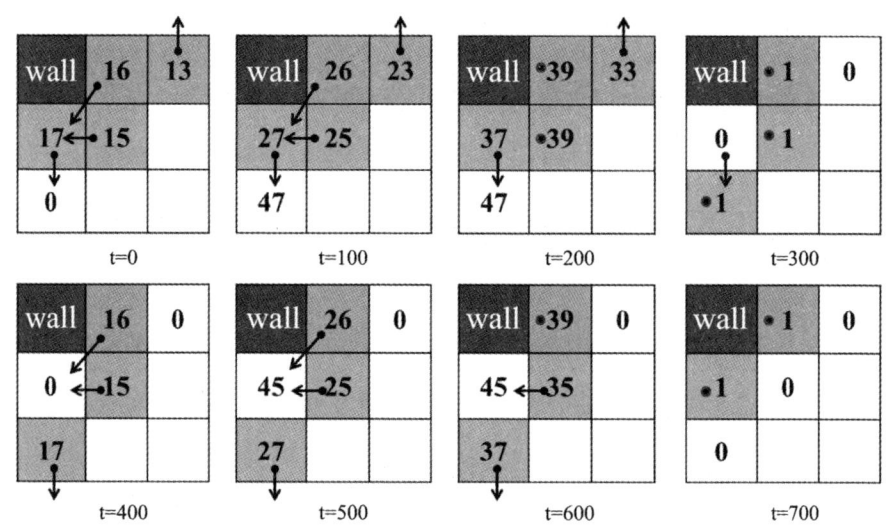

图4-26 避障规则定义

（10）出口规则：首先，当个体移动至出口元胞，立即清空该元胞，个体消失于仿真环境；其次，主出口较应急出口覆盖范围大，即更多的疏散人员优先选择主出口作为撤离目标；最后，无论何种熟悉程度，在可见出口位置只能向出口（如楼梯间）元胞方向请求移动（如图4-27）。

4 面向智慧城市的人员疏散系统多范式模型框架与仿真机制

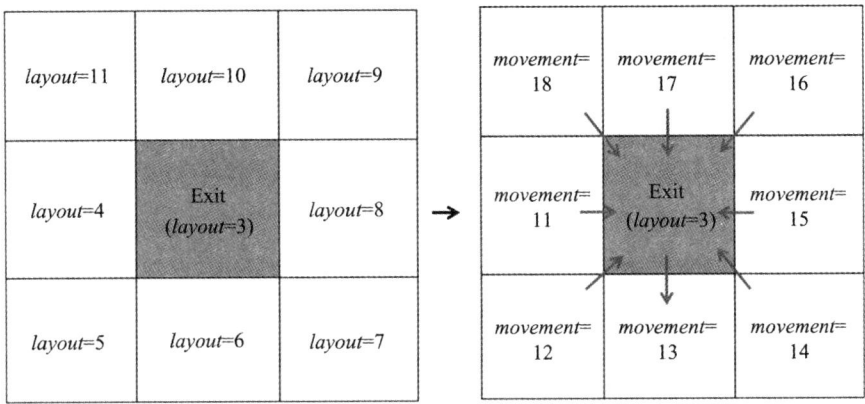

图4-27 出口规则定义

4. 仿真情境与初始化

在CD++ Toolkit建模仿真工具中构建Cell-DEVS模型。首先，进行系统模型的参数定义（如图4-28）。

图4-28 CD++ Toolkit中Cell-DEVS模型参数定义快照

仿真实验在以下两种情境下执行。

a. 疏散人员同质，见图4-29（a），黑色元胞表示个体无法在该区域内移动的障碍物，如墙壁等，绿色元胞表示疏散人员，深绿色元胞表示出口，假设所有个体无熟悉度差异，且遵循规则⑥进行随机决策（全员熟悉程度为中级）。

b. 赋予疏散人员熟悉程度属性［如图4-29（b），色块越深表示熟悉度越高〕,设置高熟悉度的人员比例为30%,中熟悉度的人员比例为50%,不熟悉的人员比例为20%。

(a)无熟悉度差异　　　　　　　　(b)三种熟悉度差异

图4-29　疏散人员初始分布（t=0）

另外,对于a与b都设置下列条件。

(1)根据经验,设置期望行进速率为1.5m/s,即1s等于1.5个周期、600个仿真时间步长。

(2)参考图书馆日常上座率,设置座位上的初始人员分布密度为60%,其余位置为10%。

(3)设置事件源的坐标为(25, 11),事件源所在速率区块（$velocity=0$）不设置预疏散时间,个体在应急事件发生时即刻开始撤离行动,且保持期望速率;其余两个区块以距离事件源的远近区分,较近区块（$velocity=1$）设置预疏散时间8s,较远区块（$velocity=2$）预疏散时间16s,即疏散开始8s后两区块中个体分别提速,16s后全员期望速率趋于相同。

5. 趋势分析

RESTful CD++ web service远程仿真的结果表明:在302人的撤离行动中,a实验需要304s,b实验则约为371s。从整体趋势上来看（见图4-30）:

(1)b实验在疏散初始阶段约50s内的曲线拟合程度较高,其单位时间成功撤离人员较多,考虑预疏散期间个体行进速率较低,个体间距离较大,冲突、瓶颈等尚未形成等因素,此时疏散效率较高。

(2)b实验在疏散中后期均有撤离放缓的趋势,a实验的演变较为均匀,b实验在疏散中期则呈现明显的延宕,考虑在疏散中期,瓶颈的出现迫使行人等待、突破瓶颈或不断调整行动路线以抵达目标等情况，b实验对"越快越慢""加热冻结"等基本人群疏散现象的诠释更为可信，即在预疏散阶段后，随着个体行进的期望速率提高，个体与其周围人员的速率相匹配，整体疏散效率反而下降。

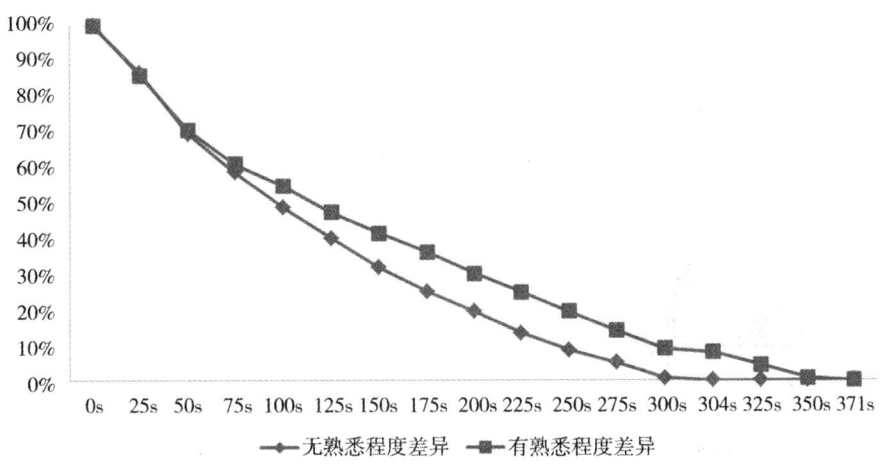

图4-30　疏散进程对比

6. 对比分析

两个实验在100s、200s、300s的仿真结果如图4-31所示，对仿真结果分析的主要发现包括以下几点。

（1）形态差异：在a实验中，个体同质，较少的社会化互动因素影响疏散行为，人群呈现更为无序的"拱形"分布，表现出相互"挤压"、排队规则的破坏等现象，可能的原因是，在应急疏散的情境下，疏散人员的社会状态更为接近所谓"暴徒"状态，个体更多地考虑自己的需求，而非他人的利益，也不会顾及与他人之间的社交距离；相反，如果赋予个体某些社会属性，例如环境熟悉度（b实验），疏散人员将呈现尊重社会规范与社会关系等倾向，正如应急规范理论所述，集聚行为虽然欠缺理性，但是仍存在社会规范的指导，实验b的结果呈现明显的"排队"现象，仅在空间相对宽阔的拐角处出现"拱形"分布，见图4-31（b）。

（2）非均匀聚集：图4-32是关于实验b的仿真快照，根据图4-32发现疏散人员以不均匀的方式聚集至过道，靠近紧急事件发生的地点，有更强的动机迅速采取行动，而那些远离危险的位置，将会在约20s后才参与疏散行动，这种差异的可能原因是事件信息的不对称。

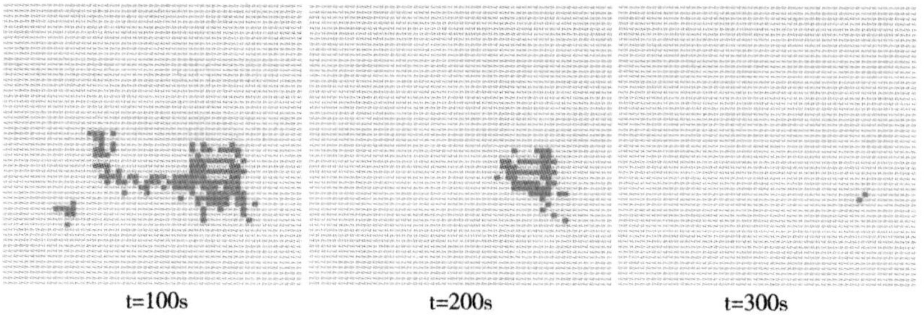

（图示 t=100s　　t=200s　　t=300s）

（a）无熟悉度差异

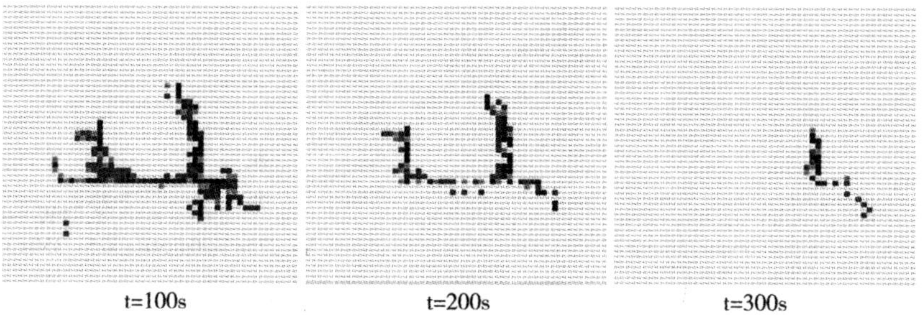

（图示 t=100s　　t=200s　　t=300s）

（b）三种熟悉度差异

图4-31　仿真结果对比

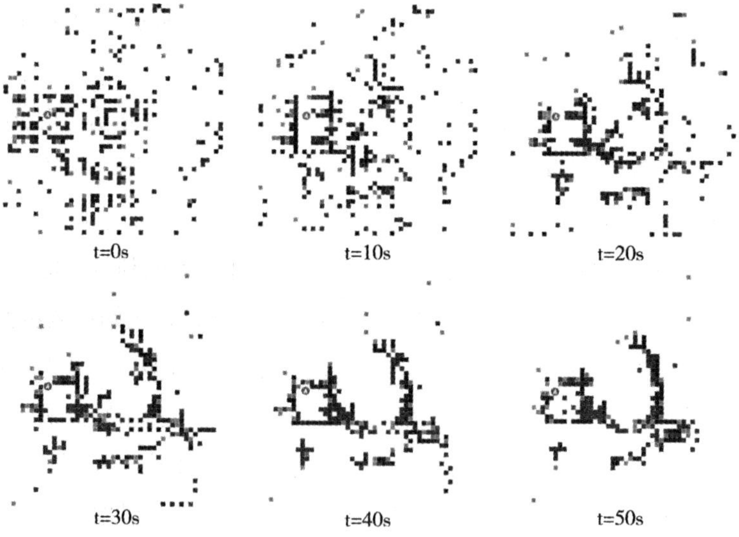

（图示 t=0s　　t=10s　　t=20s）

（图示 t=30s　　t=40s　　t=50s）

图4-32　实验b仿真结果（t=0~50s）

（3）路径差异：a实验中的大多数个体均试图从最短路径撤离，但由于冲突与竞争使其在最短路径附近迂回，并且产生推挤；b实验中高熟悉度的疏散者更有能力占据最短路径，中熟悉度个体间存在明显的竞争，低熟悉度个体的跟随目标会随着相对位置的变化而发生转移，即始终跟随着视野中离自己最近的邻居，而非锁定某个特定个体。通过对不同熟悉度的疏散人员［其原始坐标分别为(31，14)，(31，12)，(31，13)］的行动轨迹进行追踪（见图4-33）发现，高熟悉度个体更容易占据最有效率的路径，他们只需约50s即可到达中间点，与此同时，不熟悉的个体采取跟随策略更为接近高熟悉度的领导者，而中熟悉度个体反而阻塞在队伍中，并试图突破瓶颈。显然，中熟悉度个体较不熟悉的个体具有更高的灵活性，可以调整路线，并且率先从模拟环境中成功撤离，而不熟悉的个体将会在后期与高熟悉度个体遭遇更大规模的瓶颈，这便是"越快越慢"现象的另一个证据。

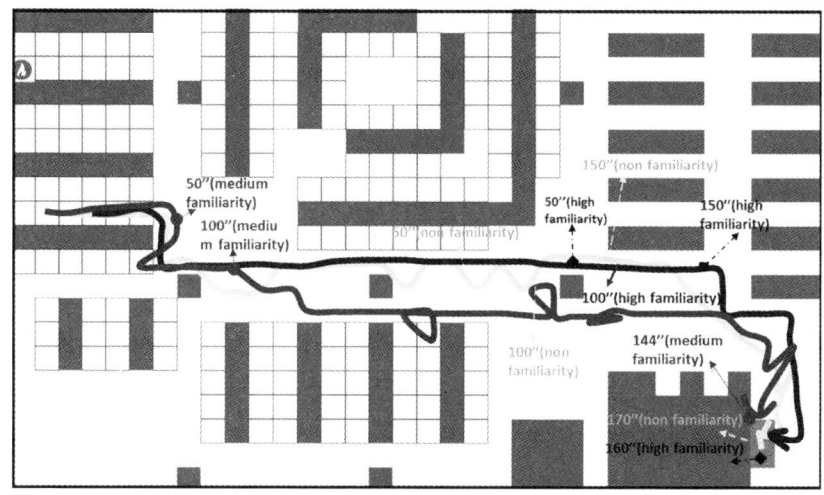

图4-33　实验b中不同熟悉度疏散人员的路径追踪

（4）目标调整：在a实验中，个体一旦确定某个出口为目标，则不会更换目标，直至消失在仿真环境中；在b实验中，向主出口移动的个体一旦进入应急出口标识覆盖范围，存在离开人群转向应急出口方向的情况，值得注意的是，如果该个体具备较高熟悉度，对周围的较低熟悉度个体有导向作用。

（5）行为延宕：在b实验中，低熟悉度个体在无法从外部接收环境信息需要孤立决策时，会耗费相当长的时间"徘徊"，直至视野中出现出口，这种情况无疑拖延了整体疏散时间，尤其是在有障碍物阻挡的情况下此现象更为明显。

7. 敏感性分析

为了检验模型的灵敏度，本书调整了几个参数设置，包括初始分布、平均环境熟悉度、预疏散时间和孤立决策的能力等。通过疏散人群的密度算法，考察上述变化对疏散效率的影响（见图4-34）。

$$\rho = \frac{N}{W \times L} \tag{4.15}$$

其中：

N表示仿真环境中的总人数；

W表示元胞空间的宽度；

L表示元胞空间的长度。

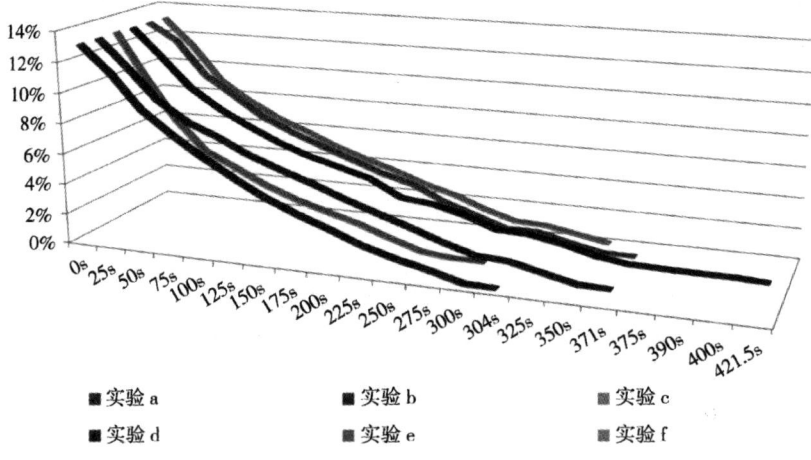

图4-34　仿真模型的敏感性与密度变化

敏感性分析的主要发现有以下几点。

（1）初始分布：实验c将初始分布密度调整至20%（304个疏散人员），该实验的疏散效率与实验a和实验b相比更为均匀，同时该设置也提升了与其他公共场所情境的兼容性。仿真结果显示，整体撤离时间约为300s，有效减少了局部瓶颈的发生。

（2）平均熟悉程度：实验d降低了平均熟悉程度，高、中、低熟悉度的比率分别是33.33%。仿真结果表明，该实验需要较长的整体疏散时间，因此可以推断，对疏散环境不熟悉的疏散人员的比例越小，整体的疏散效率越高，较高的平均熟悉度水平可能改善整体疏散效率。

（3）预疏散：实验e将较近区块（$velocity=1$）的预疏散时间延长至16s，将较远区块（$velocity=2$）的预疏散时间延长至32s。仿真结果表明，较长的预疏散时间使疏散开始阶段的疏散效率较低，但是整体疏散时间并未受到显著影响，其原因可能是速率匹配发生作用。

（4）孤立决策能力：实验f调整不同移动方向的潜在概率，提高对疏散环境不熟悉的人员的决策能力。仿真结果表明，尽管整体疏散时间保持稳定，但是更高的决策能力有利于疏散中期的疏散效率改进。

4.4 微观层级：人员疏散系统情绪蔓延

4.4.1 人员疏散系统恐慌情绪及情绪蔓延

本研究关于人员疏散系统情绪蔓延提出两方面假设，一是情绪蔓延，二是个体行为与行人移动。其中，在情绪蔓延方面主要探讨个体情绪状态的转移过程；在行人移动方面主要阐述恐慌情绪及其情绪蔓延与行人移动的交互影响（如图4-35），具体如下。

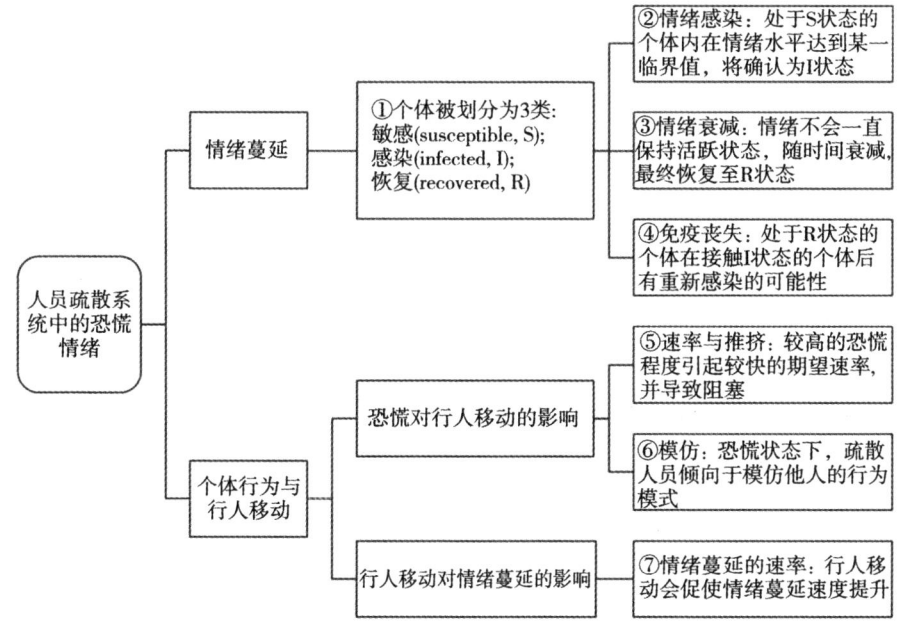

图4-35 人员疏散系统情绪蔓延研究假设

1. 情绪蔓延

假设①：数量为N的疏散人群被划分为3种类型。

（1）S（susceptible），即个体在情绪反映方面对信息、情绪、谣言等"不知情"（uninformed）或未采纳（non-adopter），是为敏感状态。

（2）I（infected），即在接触其他受感者后"知情"或成为信息的"采纳者"，是为感染状态。

（3）R（recovered），即个体有能力随时间推移而自我"冷静"，并逐渐降低其情绪的强度，是为恢复状态。

假设②：情绪感染，如果一个处于敏感状态（S）的个体，其内在恐慌情绪水平升至并超过某一阈值（$\lambda1$），个体将转变为感染状态（I）。

假设③：情绪衰减，个体情绪无法一直维持在活跃状态，随着时间推进，呈指数衰减，当其情绪水平低至且低于某一阈值（$\lambda2$），个体将转变为恢复状态（R）。

假设④：免疫丧失，处于恢复状态（R）的个体在接触处于感染状态的个体（I）后，以概率ρ转变为敏感状态（S），并且返回至假设②。

2. 情绪蔓延与行动的关系

假设⑤：速率与推挤，恐慌情绪引起期望速率提升，也引起个体间推挤。

假设⑥：模仿，基于社会比较理论，个体通过衡量其他个体的一系列相似特征（包括速率、情绪状态等）来提升模仿他人行为的倾向。

假设⑦：情绪蔓延的速率，对于移动中的个体，其情绪蔓延的速率要高于处于静止状态的个体。

4.4.2 多范式模型框架

根据上述研究假设提出人员疏散系统信息传播与情绪蔓延的中微观双层多范式模型的框架，如图4-36。

4 面向智慧城市的人员疏散系统多范式模型框架与仿真机制

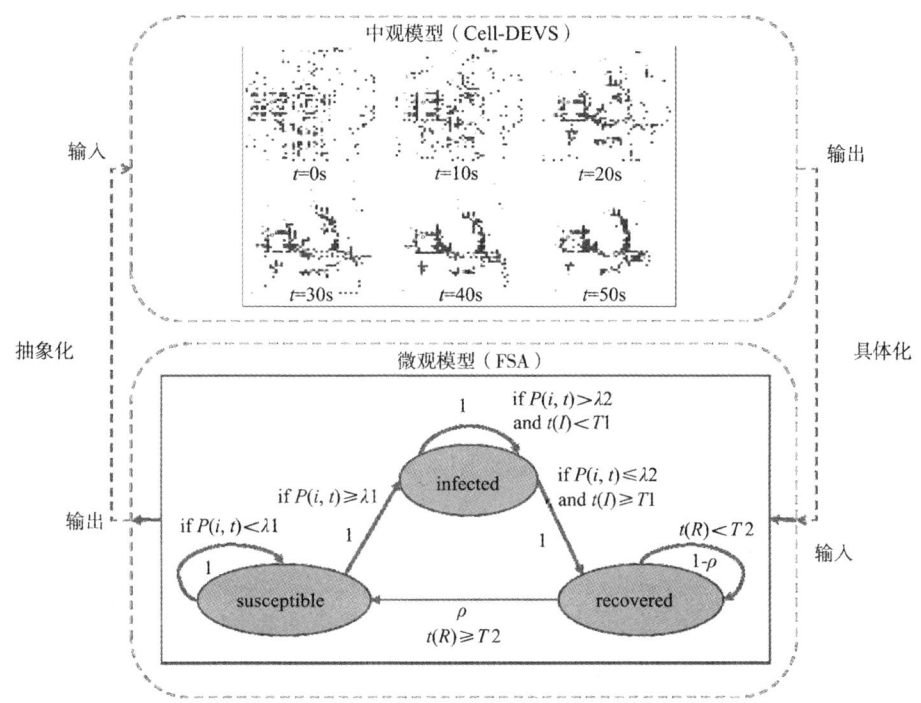

图4-36 人员疏散系统中微观双层多范式模型框架

4.4.3 FSA情绪蔓延模型

1. 参数定义

表4-4列出了FSA情绪蔓延模型的相关参数及定义。

表4-4 FSA情绪蔓延模型参数及定义

参数	定义	域
i	情绪接收者（receiver）	—
j	情绪发送者（sender）	—
$P(i,t)$	t时刻情绪接收者情绪水平	(0, 1]
$P(j,t)$	t时刻情绪发送者情绪水平	(0, 1]
ε_j	由j发出i接收的一个情绪的表达强度，取决于发送者外向型人格特征或内向型人格特征，即个体将内部情感转化为外部表达的程度	[0, 1]

续表

参数	定义	域
δ_i	由i接收j发出的一个情绪的开放程度，取决于接收者对于情绪感知的灵敏程度，即个体将外部表达内化为自我情绪的程度	[0，1]
a_{ji}	情绪发送者与情绪接收者之间的渠道强度	(0，1]
γ_{ji}	情绪强度。如果γ_{ji}=0，表示没有情绪传染；如果γ_{ji}=1，表示情绪传染最大化	[0，1]
D_{ji}	个体i因接收到j的情绪传播而产生的情绪增量	(0，1]
L	情绪发送者与情绪接收者之间的距离	(0，2)
$P(i, t)$	定义变量初始值文件的文件名	(0，1]
k	邻居的度，$k\in\mu$	[0，8]
β	指数衰减常数	(0，∞)
$N(t)$	指数衰减函数	(0，1]
ρ	个体免疫丧失概率	(0，1)

2. 情绪状态转换算法

本研究提出的FSA微观情绪蔓延模型，存在三种状态转换。

（1）敏感→感染（S→I）

如图4-37（a）所示，敏感状态转变为感染状态是一个自下而上的阈值模型，其中各参数的定义见表4-4，若$P(i, t)$的值大于$\lambda 1$，则实现状态转换，在仿真环境中，ε_j的值与δ_i的值随机生成。

（2）感染→恢复（I→R）

如图4-37（b）所示，感染状态转变为恢复状态是一个指数衰减及阈值模型，其中各参数的定义见表4-4，若$P(i, t)$的值小于$\lambda 2$，则实现状态转换，在仿真环境中，指数衰减常数β由宏变量（#Macro）定义。

（3）恢复→再敏感（R→S）

如图4-37（c）所示，恢复状态转变为再敏感状态符合概率ρ，在仿真环境中，状态转换概率ρ由宏变量（#Macro）定义。

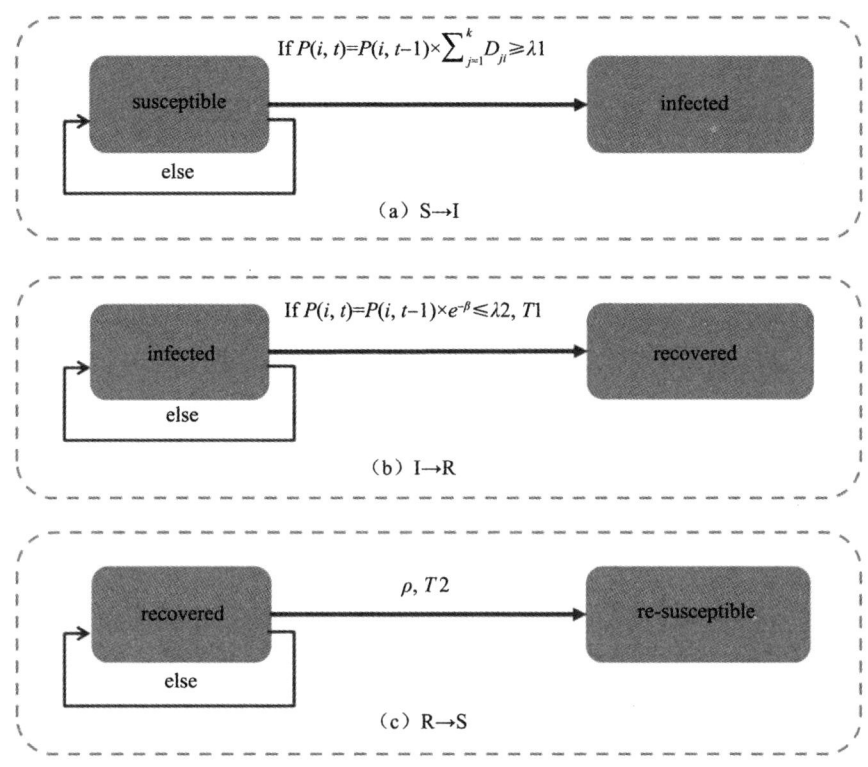

图4-37 FSA情绪蔓延函数的状态转换

（3）情绪蔓延与期望速率算法

个体的期望速率受到个体恐慌程度的影响，算法见公式4.16，在仿真环境中，$V_i^{\min}$的取值与$V_i^{\max}$的取值由宏变量（#Macro）定义，通常$V_i^{\min}$=0.55m/s，$V_i^{\max}$=1.50m/s。

$$V_i^{\text{desired}}(t) = [1 - P(i,t)]V_i^{\min} + P(i,t)V_i^{\max} \quad (4.16)$$

4. FSA与Cell-DEVS的模型转换

上述FSA微观情绪蔓延模型的模型构建与仿真执行同样在Cell-DEVS建模范式中实现。为了实现模型转换，在4.3节的中观Cell-DEVS模型的基础上引入另外3个变量，分别是 *emotion*（情绪），*panic*（恐慌），*timer*（计时器）。

变量*emotion*是一组三位数的数组，值域在111至399之间，这组三位数数组分别为LP_i、$Trunc(10\times\varepsilon_j)$和$Trunc(10\times\delta_i)$，各项含义如下。

| LP_i | $Trunc(10 \times \varepsilon_j)$ | $Trunc(10 \times \delta_i)$ |

其中，

（1）$LP_i \in \{1, 2, 3\}$，表示个体情绪的状态，当$LP_i=1$，表示个体处于恐慌情绪敏感状态，当$LP_i=2$，表示个体处于恐慌情绪感染状态，当$LP_i=3$，表示个体处于恐慌情绪再敏感状态。因此，个体情绪状态转换时，emotion变量值数组中的第一位将会转变。

（2）$Trunc(10 \times \varepsilon_j) \in \{1, \cdots, 9\}$，表示由$j$发出、由$i$接收的一个情绪的表达强度，取决于发送者外向型人格特征或内向型人格特征，因此，emotion变量值数组中的第二位即个体将内部情感转化为外部表达的程度，ε_j值由系统随机生成，并在仿真过程中变量值不变。

（3）$Trunc(10 \times \delta_i) \in \{1, \cdots, 9\}$，表示由$i$接收、由$j$发出的一个情绪的开放程度，取决于接收者对于情绪感知的灵敏程度，因此，emotion变量值数组中的第三位即个体将外部表达内化为自我情绪的程度，δ_i值由系统随机生成，并在仿真过程中变量值不变。

变量panic的取值为$P(i, t)$，是个体恐慌程度的直接测度。

变量timer的引入是为计算感染状态的平均持续时间T1，以及恢复状态平均持续时间T2。

4.4.4 情景实验3：应急疏散情绪蔓延

1. 变量定义

由于多范式建模的需要，Cell-DEVS模型一方面需要定义行人移动与信息传播相关的邻域［如图4-38（a）］，定义元胞数为$\eta=3 \times 3$的扩展moore型邻居，坐标为(-2, 2), (-2, -1), $\cdots$, (0, 0), $\cdots$, (2, 2)；另一方面，需要定义情绪蔓延的相关邻域［如图7.6（b）］，定义元胞数为$\eta=3 \times 3$的moore型邻居，坐标为(-1, 1), $\cdots$, (0, 0), $\cdots$, (1, 1)，其中(0, 0)表示情绪接收者，其他为情绪发送者。

每个元胞被赋予9个状态变量（定义见表4-5）：phase（阶段）、familiarity（熟悉程度）、movement（移动）、emotion（情绪）、panic（恐

慌）、timer（计时器）6个为输入/输出端口（input/output ports），在模型中以"~"符号引出，邻居元胞通过6个端口互通，变量值可变；layout（布局）、velocity（速率区块）、pathway（路径）为初始值变量（initial value），以"$"符号引出，变量值不可变。

与4.3节相同，通过变量*movement*与*phase*相互配合在1~3个周期内的转移，诠释个体移入一个空元胞或移出一个元胞的基本过程。1个移动周期由4个delay时间步长组成，并完成*phase*变量值由1至4的转变。个体移动的基本过程为：个体首先依据其物理及社会化属性有目的或随机地选择一个邻居元胞作为目标发出移动请求，在取得目标元胞的授权后立即或等待1至2个周期后移出所在元胞，等待时长取决于所在的速率区块与疏散的进程。如果在冲突解决机制下移动请求被拒绝，则保持原有元胞占位并进入新一轮的决策与行动周期；而空元胞的算法是在被询问时依据优先权规则发出移动授权并接纳新个体移入。

（a）行人移动与信息传播的扩展 moore型邻居　　（b）情绪蔓延的相关邻域 moore型邻居

图4-38　多范式模型的邻居定义

不同的是，多范式模型不仅定义行人的基本移动过程，还要兼顾移动中的情绪蔓延。因此，其状态转变的过程更加复杂。多范式模型状态变量及定义如表4-5所示。

表4-5 多范式模型状态变量及定义

变量值(vlue)	定义(definition)	变量值(value)	定义(definition)	变量值(value)	定义(definition)
初始值变量(initial value)			输入/输出端口（input/output ports）		
pathway			phase		emotion
5	→	1	方向选择（intent）	0	空元胞（empty）
6	↑	2	授权询问（grant）	111-199	敏感（susceptible）
7	←	3	等待移动（wait）	211-299	感染（infected）
8	↓	4	移入/离开（move）	311-399	恢复（recovered）
velocity			familiarity		panic
0	高速	0	空元胞（empty）	0	空元胞（empty）
1	中速	1	高熟悉度（high）	(0, 1]	恐慌程度（panic degree）
2	低速	2	中熟悉度（medium）		
		3	低熟悉度（non）		
layout			movement		timer
0	空间	0	空元胞（empty）	Z	计时器
1	座位	1	被占据（occupied）		
2	障碍	10-18	选择一个意向移动方向		
3	出口	20-28	意向元胞请求移动授权		
4-11	接近出口	31-38	意向元胞取得下一时刻移动授权		
		39	意向元胞的移动授权请求被拒绝		
		40-48	目标元胞发出授权		

2. 行为规则

Cell-DEVS-FSA多范式模型定义了更多的行为规则，表4-6给出了具体的规则定义。

表4-6 多范式模型行为规则及定义

规则名称	规则的定义	
	Cell-DEVS模型	Cell-DEVS-FSA多范式模型
①预疏散	事件突发时，灾情信息不对称使距离事件源越近的人员疏散准备时间越短、启动疏散越快	预疏散时间由个体恐慌程度决定，较高的情绪水平的个体疏散准备时间越短、启动疏散越快
②速率匹配	随疏散进程发展，各速率区块中的个体非均匀提速，其移动速率与周围组群逐渐趋同	随着情绪蔓延，个体根据其恐慌程度的变化而调整行进速率，直到全局速率一致
③优先权与冲突解决机制	如果有两个或两个以上个体对同一个空元胞发出移动请求，该目标元胞依顺序解决该冲突，即赋予→方向移动最高优先权，其次是↗、↑、↖、←、↙、↓、↘等方向	
④个体视野	疏散人员的视野为其潜在移动方向上包括8个邻居元胞在内的扇形范围	
⑤独立决策	高熟悉度个体依最短路径撤离，包括→、↑、←、↓等4个方向	
⑥随机决策	中熟悉度个体依概率在8个方向上选择移动，例如pathway=5时，个体选择向→、↗、↘、↑、↓、↙、↖、←等方向移动的概率分别为70%、10%、10%、3%、3%、2%、1%、1%，即耗时较少且可寻到高效率路径	
⑦"Follow-me/follow-direction"	个体不熟悉环境且在视野内有较高级熟悉度的邻居存在，则接收该邻居的建筑信息传递并跟随行动，距离越近的个体间具有越强的信息沟通能力	
⑧孤立决策	个体不熟悉环境且在视野内没有更高级熟悉度的邻居存在，可在8个方向依概率随机选择移动，但耗时较多且直至出口附近才可顺利撤离	
⑨避障规则	当个体向障碍所在元胞发出移动请求遭拒绝时，个体需重新选择目标并发出请求	
⑩出口规则	首先，当个体移动至出口元胞，立即清空该元胞，个体消失于仿真环境；其次，主出口较应急出口覆盖范围大，即更多的疏散人员优先选择主出口作为撤离目标；最后，无论何种熟悉程度，在可见出口位置只能向出口（如楼梯间）元胞方向请求移动	
⑪情绪感知范围	——	疏散人员的情绪感知范围包括8个邻居元胞在内的正方形［图4-38（b）］
⑫恐慌情绪感染	——	敏感状态（S）个体t时刻的恐慌程度$P(i, t)$超过阈值$\lambda 1$，该个体进入感染状态（I），并且具备感染其他个体的能力

续表

规则名称	规则的定义	
	Cell-DEVS模型	Cell-DEVS-FSA多范式模型
⑬恐慌情绪免疫	——	由于自我调节机制及自发性免疫，个体在保持感染状态（I）满足T1（感染状态的平均持续时间）个时间步长时，个体情绪将呈指数衰减，如果该个体的恐慌情绪水平$P(i,t)$低于阈值$\lambda 2$，个体进入恢复状态（R）
⑭恐慌情绪丧失免疫	——	个体保持恢复状态（R）满足T2（恢复状态平均持续时间）个时间步长，以概率ρ，再次进入敏感状态（S）
⑮与恐慌相关的推挤	——	个体行进速率与个体恐慌程度$P(i,t)$相关，较高的恐慌程度使进行期望速率提升

3. 仿真情景与初始化

仿真实验在以下3种情境下运行。

a. 疏散人员根据与事件源的距离调节行进速率，并且存在熟悉度差异，其中，设置高熟悉度的人员比例为30%，中熟悉度的人员比例为50%，不熟悉的人员比例为20%。

b. 疏散人员根据恐慌程度调节行进速率，并且存在熟悉度差异，其中，设置高熟悉度的人员比例为30%，中熟悉度的人员比例为50%，不熟悉的人员比例为20%。

c. 疏散人员根据恐慌程度调节行进速率，并且不存在熟悉度差异。

另外，对于a、b、c设置以下条件。

（1）根据经验，设置期望行进速率为1.5m/s，即1s等于1.5个周期、600个仿真时间步长。

（2）参考图书馆日常上座率，设置座位上的初始人员分布密度为60%，其余位置为10%。

（3）设置事件源的坐标为(25, 11)，事件源所在速率区块（$velocity=0$）不设置预疏散时间，应急事件发生时即刻开始撤离行动，且保持期望速率；其余两个区块，当$velocity=1$时，设置预疏散时间为8s，当$velocity=2$时，设置预疏散时间为16s，即疏散开始8s后两区块中个体分别提速，16s后全员期望速率趋于相同。

仿真实验的配置为按照个体情绪状态显示当前位置,因此,3个实验的初始化结果一致(见图4-39)。

图4-39 人员情绪状态初始化($t=0$)

4. 对比分析

3个实验在50s、100s、150s、200s、250s、300s的仿真结果如图4.40,对仿真结果分析的主要发现包括以下几点。

(1)整体疏散时间:a实验整体疏散时间为355.7s;b实验整体疏散时间为348.5s;c实验整体疏散时间为283.2s。从疏散时间上来看,无论是通过距离事件源来调节速率,还是通过恐慌程度调节速率,其仿真实验的结果差别不大,但是,在不考虑熟悉度差异的情况下,整体疏散时间明显缩短。

(2)预疏散:a实验,越靠近事件源的个体行动越迅速,准备时间越短,而实验b、实验c的预疏散时间差异则由个体恐慌程度决定,恐慌情绪的蔓延越迅速,预疏散时间越短暂,推挤也会越早到来。

(3)情绪蔓延速率:对比3个实验,实验c的情绪蔓延速率最快,其次是实验b,再次是实验a。可见,疏散人员的移动速率与情绪蔓延呈正向的关系,即行人移动会加速情绪蔓延。

(4)路径差异:这方面的观察显示了实验a、实验b中的个体在路径选择上的多样性;c实验中的大多数个体倾向于相似的路径,因此疏散形态呈现明显的拱形分布。

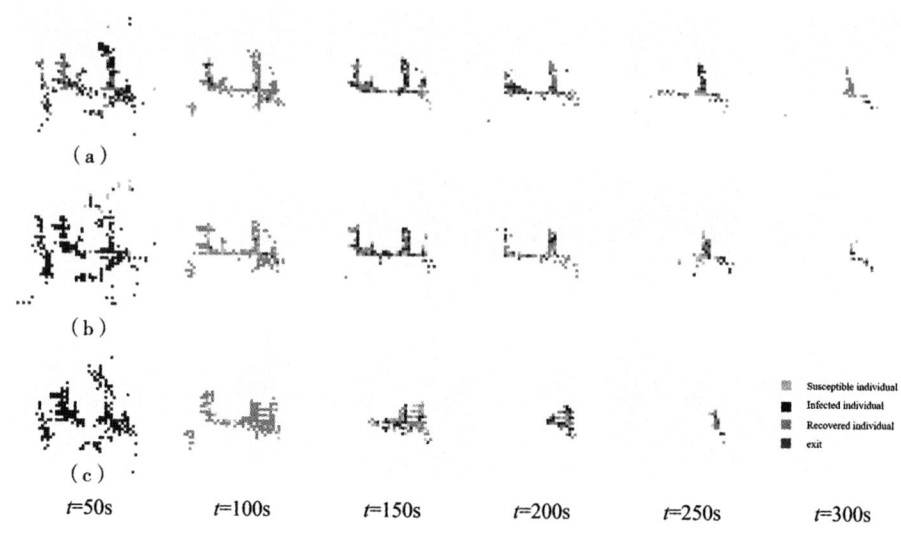

图4-40 多范式模型仿真实验对比

5 上海基于城市大数据共享平台的应急疏散响应协同机制

本章探索基于城市大数据共享平台的应急疏散响应协同机制的上海方案：一是从数据分类、数据准入、数据质量、数据采集、数据存储、数据共享、数据赋能、数据应用等方面优化上海城市大数据共享平台的建设；二是完善上海应急疏散响应三级决策机制，应急疏散响应的三个层级为决策指挥层级—决策辅助层级—执行操作层级；三是从城市传感网络、大数据中心、标准规范、联动机制、平台架构等方面提出基于城市大数据共享平台的协同联动机制。

本章分别从城市大数据共享平台建设、应急疏散响应决策机制的层级设计、大数据共享平台的协同联动机制三个方面，提出基于城市大数据共享平台的应急疏散响应协同机制的上海策略措施。

5.1 优化上海市城市大数据共享平台建设

大数据、云计算、数据平台、移动互联网和人工智能技术的发展无疑改变了城市生活，更为城市治理的效率提升带来机遇，政府、企业、个人成为大数据的用户和供应者。尤其在应急疏散管理领域，公共安全数据作为城市大数据的重要组成部分，在城市应急灾害发生时，使政府和各级应急指挥部门能够获取建筑内人员分布、人群流量、密度与速率、道路阻塞等状态的前馈数据资源，在事件过程中能够通过平台协同仿真结果实现个体行动路径的追踪、情绪导入等干预手段，迅速、准确地进行应急疏散指导，在应急终止后，运用机器学习等人工智能技术能够对事件数据进行挖掘分析,改进人员疏散系统模型,保障后续应急响应部门的决策预案制定,那么才能基本的达成城市大数据平台的建设目标和经济、社会效益。因此,从下述方面提出上海城市大数据共享平台,尤其是公共安全数据方面的优化策略。

5.1.1 明确城市数据界定与分类

面对各个平台交互产生的海量城市数据,最为迫切的是对其进行概念的界定和统一标准的划分。一方面,需要在原始数据中确定关系城市公共安全的关键与核心数据,降低数据采集与存储的经济成本,以提升数据分析的准确性为目标,界定数据的内涵与外延;另一方面,基于当前尚没有统一的分类标准的现状,从数据的采集、管理、分析、共享和应用等维度探讨,按照大类、亚类、细类3个层次,对城市大数据中的公共安全数据进行分类,数据的类别应基本包括城市公共基础数据、基础设施及建筑信息数据、城市管理部门业务数据、网络舆情数据、个人信息数据、应急事件处置数据、公共安全知识数据等若干大类,初步分类见表5-1。

表 5-1 城市与公共安全大数据分类概览

大类	亚类	定义	数据来源
①城市公共基础数据	人口数据、组织、法人数据、基础地理信息数据、不动产数据、经济数据	城市基本情况的数据	行政机关、统计部门
②城市建筑信息数据	城市共享规划数据、公共建筑布局信息IFCs数据、地下铁路布局数据、地下管网布局数据	城市布局与建筑布局要素数据	行政机关、企业、统计部门
③部门业务数据	执照,许可,资质等证照,监督检查数据,执法数据,城市生命线工程数据,应急资源数据,水利设施数据,交通设施数据,通信工程数据,电力设施数据,金融设施数据,旅游设施数据,人防工程数据,重大危险源数据,消防数据,应急疏散点数据,疾病控制与医疗数据	各级部门和社会组织日常工作中形成的与城市公共安全相关的数据	行政机关、企业、事业单位
④环境监测与灾害监测数据	气象监测数据、环境监测数据、地震监测数据、水文监测数据、地质灾害监测数据、森林火灾监测数据、海洋灾害监测数据、疫情监测数据、大型桥梁变形监测数据、电梯运行安全监测数据和视频监控数据	对城市物理环境及可能发生的灾害进行监测监控的数据	行政机关、企业、事业单位

续表

大类	亚类	定义	数据来源
⑤城市运行数据	车流（含汽车、火车、飞机、船舶）信息，物流信息，金融流转信息，煤、电、气、油、水用量信息，主要农产品及食品价格信息	城市日常运行中产生的数据	行政机关、企业、事业单位
⑥网络舆情数据	政府社会民意调查，社交网络民意情绪数据，网络舆情数据，信访、上访和矛盾纠纷处理数据	反映社会民意情的数据	行政机关、网络、企业
⑦个人行动信息数据	流动人口信息、酒店入住人员信息、公共交通信息、酒店餐饮人员信息、个人刷卡信息、通话信息、个人出行位置或轨迹信息、学术会议、集会、游行信息、体育赛事信息、文化娱乐信息、浏览访问网络、主页信息、购买商品信息和社交信息	城市个人及群体各种行为及活动产生的数据	执法机关、企业、网络
⑧应急事件处置数据	事件接报信息，预测预警信息，风险分析与评估信息，应急决策与会商信息，指挥调度信息，事件跟踪与反馈信息，事件现场图像及监测监控信息，事件新闻发布与报道信息，重要领导指示，批示信息，国内外反映与评价信息，灾后损失评估与灾害救助信息，应急能力评估信息，应急演练与培训信息	城市各级政府、部门及社会组织为应对和处置自然灾害、事故灾难、公共卫生事件和社会安全事件所产生的数据	行政机关、事业单位
⑨公共安全知识数据	事件，事故基本概念知识，预防与准备知识，监测与预警知识，应急处置与救援知识，灾后恢复与重建知识，法律、法规，应急预案，突发事件案例和标准规范	与城市公共安全有关的知识、法规、预案等数据	行政机关、立法、执法机关事业单位

5.1.2 提升数据准入与数据质量

上海的城市大数据平台建设不仅要求数据的规模大、分类全，还必须保障数据来源的可靠性、数据准入的公平性、数据质量的可用性、数据结构的合理性和数据使用的时效性等。

1. 数据来源可靠性

从源头上把控数据的可靠性。重视政府、各级行政机关、企事业单位、科研机构、立法执法部门等数据的收集，注重对网络数据的筛选，减少数据收集过程中的"噪声"数据、残缺数据、瑕疵数据，避免因数据质量的低下而产生决策偏差与投资偏差。

2. 数据准入公平性

注重培育健康的市场竞争生态。打破各级政府及各类城市公共治理相关的行政部门的数据壁垒，消除互联网行业的数据垄断现状，实现数据交易的透明化、机制化、公平化。

3. 数据质量可用性

按照数据使用的效果评价数据质量。城市公共安全数据的质量评价应由城市运行中的公民、企事业单位、治理机构等数据使用者来评估，减少无用、目的不明确等数据的采集与存储成本，提高数据存储的质量。

4. 数据结构合理性

注意区分结构化、半结构化、非结构化的数据形式。城市公共安全大数据有结构化与文本等半结构化的形式，也有非结构化图像、音视频等数据。政府利用云计算技术建立云存储平台以存储异构数据，并配合大数据分析平台，快速对文本、图像和视频等数据进行分析处理，挖掘各数据集之间的关系，智能、及时地发现城市运行中存在的各种风险，关口前移，构建智慧安全型城市[①]。

5. 数据使用时效性

及时获取数据和更新数据。由于数据存储空间与数据存储成本有限制，因此应确定相关城市数据的保存规模与保存时限，城市公共安全数据对数据的时效性要求更高，在应急事件中，政府信息的披露及时与否是检验数据时效性的关键，也是减少人民财产损失、生命损失的关键。

5.1.3 规范数据采集与存储方式

1. 自动化采集为主、人工修正为辅

城市大数据的采集涉及多部门、多领域、多结构、多手段的联合采集，应以数据平台的自动化手段为主，配合人工录入、调查访谈等其他手动方式，以确保数据的准确性、完整性与时效性。

2. 集中存储与分布式存储并行

城市大数据一般采用集中或分布式两种存储方式，其中分布式存储可将庞

---

① 张柯文,李翔,严云洋,等.基于多特征双向门控神经网络的领域专家实体抽取方法[J].南京师大学报（自然科学版）,2021,44(1)：128-135.

大的数据分派到由若干台计算机组成的集群中的多个节点进行存储。因此，在兼顾高数据访问、高数据使用和数据安全的前提下，提出搭建基于Hadoop分布式大数据并行计算框架和Spark分布式大数据处理工具的城市公共安全大数据服务平台，前者可以实现分布式存储，后者可以进一步保证数据的安全恢复。

5.1.4 平衡数据共享与数据安全

1. 多部门（行业）数据共享

由于数据市场上已经呈现通过准入、工具和算法手段排斥其他组织的数据垄断问题，因此应完善数据市场的交易机制，例如开放数据的交易和许可，公开数据交易的标准化成本核算与价值估计等。

2. 分级方案控制数据共享权限

对数据的访问权限及使用权限进行分级管理，如数据描述级、数据记录级、数据字段级、服务描述级、服务内容级等划分，以确保城市数据在各部门、各行业的职责与权力得以自主、安全、可控的共享。

3. 健全数据保护和产权的法律法规

完善公司法、消费者权益保护法、知识产权法、数据保护法及反垄断法等相关法律法规，或出台规范数据市场交易的行政指导意见，防止数据垄断企业滥用数据侵犯个人信息隐私和不正当竞争等情况。明确界定对数据的所有权、使用权、处置权等，以维护城市大数据的市场秩序。数据权限分级授权如表5-2所示。

表5-2 数据权限分级授权

分级	定义
①数据描述级	授予其他单位访问数据管理单位指定的数据描述信息的权限，被授权的单位仅能获取数据名称、内容说明、时间、数据来源等描述性信息，但不能获取具体的数据记录和字段信息
②数据记录级	被授权的单位能获取指定数据的全部数据记录或部分特定的数据记录
③数据字段级	被授权单位能获取数据的全部字段信息或部分特定的字段信息
④服务描述级	被授权单位仅能获取服务名称、内容说明、服务来源等描述性信息，但不可获取具体的服务地址、访问方式等信息
⑤服务内容级	被授权单位不仅能获得服务描述级授权，而且能获取服务资源地址、服务访问方式等信息，以进一步使用服务资源内容

5.1.5 提升数据赋能与融合应用

1. 应急事件前馈数据维护

城市应急事件事发前,注重数据级融合,即各部门、各行业内的各类公共安全数据的维护,如城市公共基础数据、城市建筑信息数据、各部门业务数据、灾害应急预案数据、车流信息等城市运行数据等的记录、补充。

2. 应急事件事发数据监测

城市应急事件事发时,争取部门级融合,即在不同部门间实现多领域、多模式的数据融合,如城市发生疫情,应综合多方面的数据检测信息,如环境监测与灾害监测数据、网络舆情数据、个人行动信息数据等,便于相关部门及时了解事态和网络舆情,保证决策制定的前瞻性与有效性。

3. 应急事件中馈数据联通

城市应急事件发酵过程中,确保业务级数据融合,即围绕特定的应急情景,如应急救援、应急疏散、疫情传播等进行业务部门间的信息联通,主要涉及个人行动信息数据和应急事件处置数据,各部门间顺畅的信息沟通是有效处理各类应急事件的重要保障。

4. 应急事件反馈数据分析

城市应急事件处置完成后,复盘处置全过程,通过应急事件的建模与仿真技术、机器学习等大数据计算技术,模拟各类应急事件的实时过程,针对各类应急情景做出可视化仿真实验,完善应急公共安全知识数据,建立健全城市公共安全风险评估体系,提示各区域、各情景的风险级别。

5.2 完善上海应急疏散响应决策机制的层级设计

在应急事件发生的初始阶段,疏散人员的行动与决策更多地依赖组织内部的自组织行为,但是高效的应急响应决策机制是从根本上提高城市运行安全的主要策略。在我国,省(市)一级应急办公室直接承担着城市应急事件的处理工作,是上传下达的主要职能机构,但面对具体的应急事件仍存在薄弱的环节，从上海市应急办公室的调研与访谈结果来看，上海市应急响应决策层级大体上分为2级：决策指挥层级与决策行动操作层级。

具体的，决策指挥层级的决策主体是上海市政府应急办公室，城市应急事件发生时，决策与管理部门接到预警报告后，针对事件发展的阶段，将灾情信息或突发事件进行披露，启动响应预案，进行应急管理与指挥；决策行动层级的主体一般为消防、执法、医疗救援等单位或专业团队，运用隔离疏导、促进渠化、瓶颈避免、标识引导、流速提升等手段执行各应急预案，进行应急事件的管理。

然而，现行的两级决策机制有其弊端。随着计算机网络、社交媒体的发展，在决策过程中噪声不断加大，尤其是应急事件多样化、城市人口密度的集聚化等给决策的制定与执行造成更大挑战。但是，大数据与互联网平台的技术发展，也给决策的科学化制定创造了条件。因此，需要在上述两个决策层级之间设立辅助决策层级，由相关领域的专家团队、计算机建模与仿真平台、城市大数据共享平台三方搭建，以提高决策制定的科学化和决策操作执行的合理化（见图5-1）。以应急疏散为例，图5-2展示了城市大数据共享平台协同多范式模型的应急疏散辅助决策机制的基本框架。

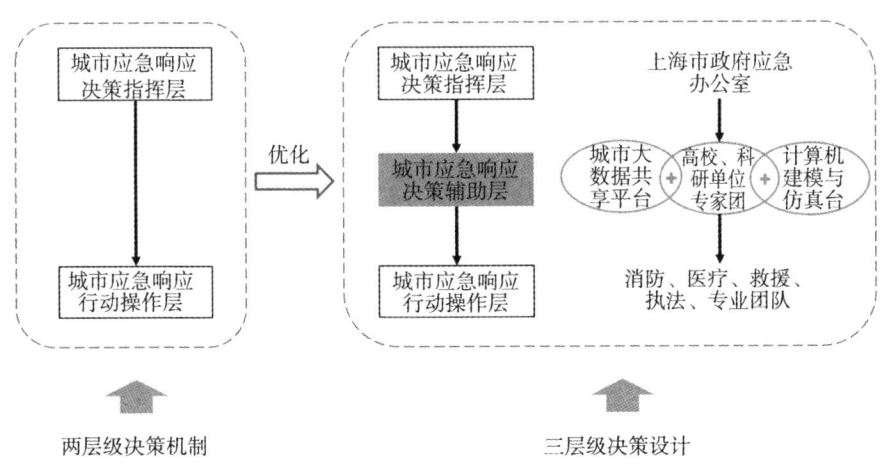

图5-1 上海市应急响应决策层级优化

5.2.1 决策指挥层级

城市应急响应决策指挥层，受上海市最高管理层的直接领导，主要对接城市报警平台与城市预警平台，上报灾情的情势、伤亡后果、处理结果等主要信息，下达决策制定结果，是城市信息公开、灾情预警提示的主要负责部门。

5.2.2 决策辅助层级

决策辅助层，由相关领域的专家团队、计算机建模与仿真平台、城市大数据共享平台三方搭建，即智能决策与模型支持层级，针对不同种类的城市安全问题，在系统模型的框架下，进行仿真模拟，预估灾情形势及预期干预结果，其主要任务是提升决策制定的科学性与有效性。对各类应急事件相关领域专家团队开放相关城市大数据使用权限和服务权限，便于其及时调取数据和事后数据更新工作。

5.2.3 执行操作层级

执行操作层，是实施救援与人员疏散的专业工作层级，在内部自组织系统外部对受灾人员、疏散人员、普通民众进行直接干预，其职能是防灾减灾、参与应急救援工作等，如在自组织救援的情境中，提供专业的指导，实施有效、安全的引导行为等。

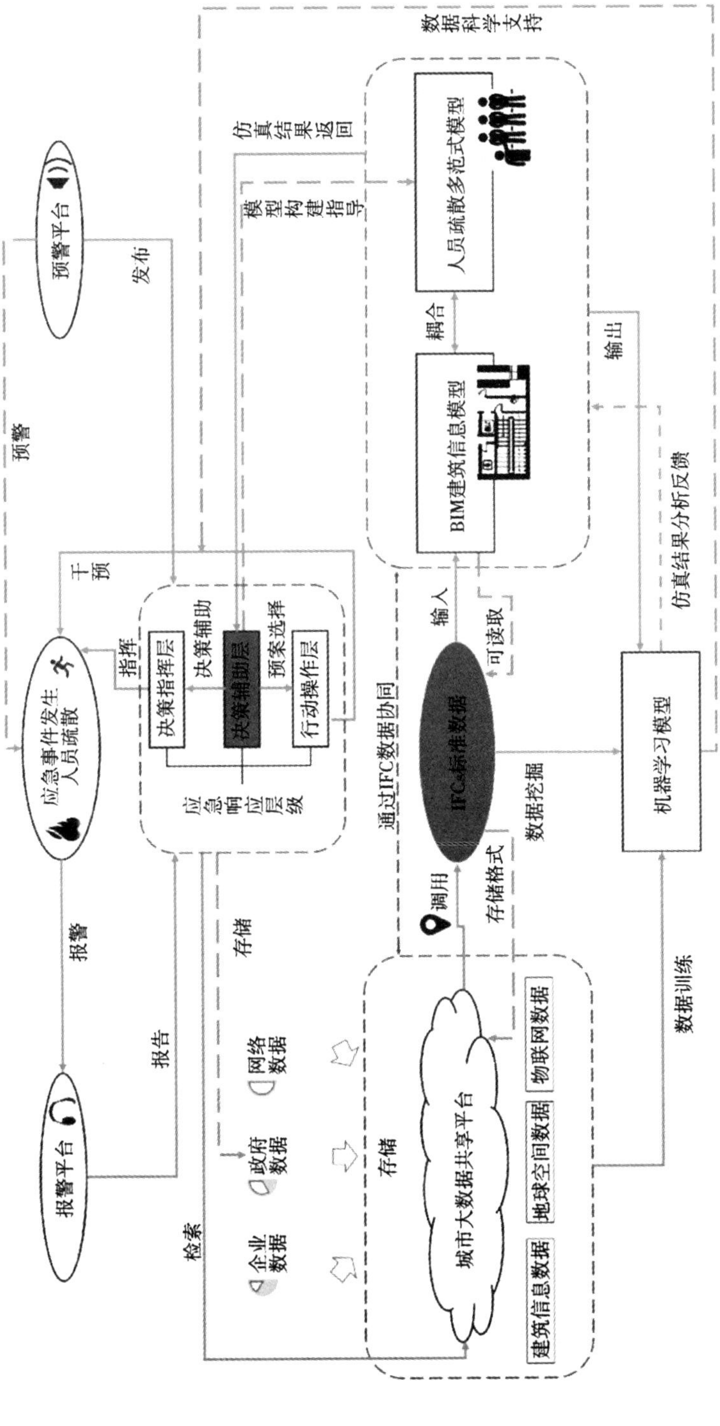

5 上海基于城市大数据共享平台的应急疏散响应协同机制

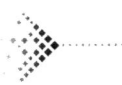

图5-2 城市大数据共享平台协同多范式模型的应急疏散辅助决策机制基本框架

5.3 基于城市大数据共享平台的协同联动机制

智能城市的核心要义是一个复杂的信息生态系统,不是简单的信息系统。基于城市的大数据平台的应急响应协同机制本身要有信息的收集能力、信息存储能力和信息表达能力,以及信息的分析能力和行政决策能力。因此,从以下几个方面提出具体策略。

5.3.1 城市传感网络建设无死角

上海作为国际大都市,长三角城市群的核心,城市的视频数据量十分巨大,用途广泛,其广泛运用于城市传感网络。在城市大数据采集与维护过程中,应首先注重传感网络的无死角搭建,主要的传感网络包括交通管理(如一卡通系统、收费站流量数据、出租车与公交车的GPS等)和医疗卫生管理(如医保卡的就医信息数据、流行病网络数据等)。但是监控的铺设成本几乎占智能城市系统成本的50%,因此,要从技术上考虑降低这项成本的具体途径。

5.3.2 大数据中心建设作为支撑

通过感知网络采集的数据是原始数据,无法分析,应转变为可分析的大数据,这是一个聚合的过程。因此大数据中心的建设应聚焦三个要点:一是数据存储,超过3个月的存储,其成本就已过高,可对视频进行编码压缩,比如国内的AVS2标准的编码效率比国外的H.265标准的编码效率高50%左右,尤其是场景模式;二是数据表达,要改进数据表达,使得数据不再是原始数据,便于分析;三是计算,即大数据分析,要将数据进行时空关联,即在不同的摄像头的视频和图片中实现人脸的识别等。

5.3.3 一套数据标准规范平台建设

城市大数据平台的建设应该标准先行,在数据分类、数据采集与维护、数据共享、数据安全、数据成果应用等方面形成一套标准规范。数据分类方面：实现管理对象分类，并形成分领域、分类的数据资源目录清单，包括数据名称、数据格式、时效要求、提供方式和单位等；数据采集与维护方面：明确数据采集更新主体，采集更新数据的种类、内容、方式、频率等；数据共享方面：明确共享主体和共享责任，如按"谁掌握，谁授权"确定共享主体责任，明确共享手段，实现对公共安全专题数据进行多层次、多途径的共享授权和发布；数据安全方面：严格制定运行环境、存储安全、身份授权、传输安全、数据审计、管理授权的数据安全保障机制；数据成果应用方面：建立数据拥有权与使用权分离的机制，丰富成果应用方式，拓宽成果服务范围，促进成果的公共服务化和社会化应用，鼓励面向市民和面向企业的数据成果的应用开发。

5.3.4 一套管理机制提升协调力度

首先，提升上海市公众报警平台的统一联动能力，如公安110、消防119、交管122、医疗急救120等，上述报警中心按政府的职能部门或行业划分，尚缺乏协调联动。提升其联动性有利于在城市层面形成合力，提升城市公共安全整体水平。

其次，完善决策指挥层级的管理机制，如上海市政府应急办公室是城市层面建立的公共安全管理日常办事机构，应组成领导小组，领导小组可由市党政负责领导任组长，城市公共安全相关部门领导任组员，形成公共安全领域城市级的跨部门协调管理机制。

再次，明确辅助决策层工作内容，各相关领域团队应针对相关研究对城市公共安全平台建设、数据采集与共享、数据分析与应用等内容进行规划研究，并向上级领导小组经常汇报，以进一步提升专题工作的有序进行和决策部署的科学优化，确保城市公共安全相关工作的开展得到充分重视和有力推进。

最后，跨区域联动机制，涉及城市公共安全建设重大问题时，应协调处理跨区、跨部门重大公共安全问题，组织指挥处理重大城市公共安全事件，遇重大公共安全危机时，保障贯彻领导小组的部署安排，实施统一的决策指挥。

5.3.5 一个平台体系架构协同多主体

城市大数据平台在统一的标准规范体系和运维管理体系下，自下而上地构建，如图5-3所示。其包括传感层、技术层、汇聚层、平台层、服务层和应用层。其中，传感层包括部门监测、网络获取、行业标准数据、传感器终端捕获；技术层为大数据平台提供科学、安全、先进的技术服务；汇聚层：将数据按标准分类方法汇聚；平台层构建报警平台、建模与仿真平台、预警平台等，为数据共享提供保障；服务层对城市大数据进行挖掘和分析；应用层在平台上构建多灾种综合、各部门协同、跨行业合作的防灾减灾防治和综合应用，以提高城市防灾减灾能力和安全防控水平。

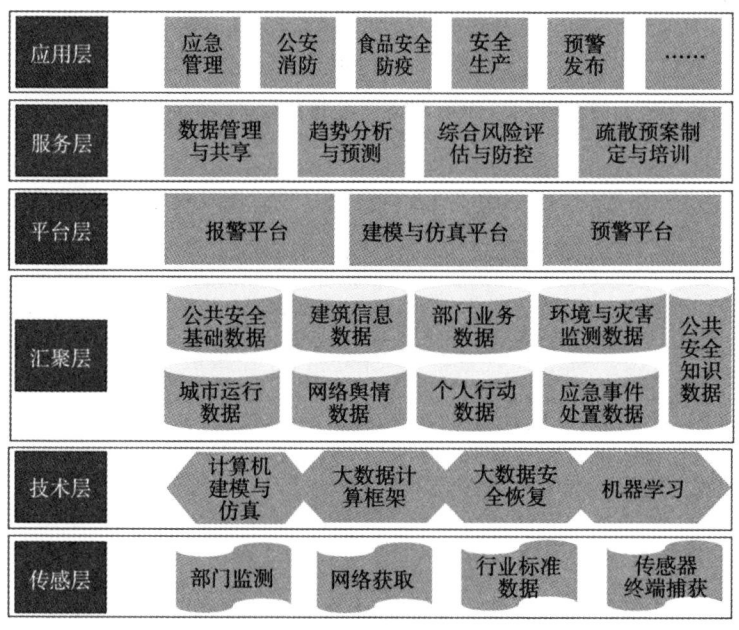

图5-3 大数据平台体系架构

6 优化城市应急疏散响应协同机制的对策与建议

6.1 内部干预措施

6.1.1 统一应急管理组织框架，提倡重点领域专业辅助决策

自然灾害、技术事故公共卫生等各类重大突发事件发生后，一律由市政府应急管理部门统一调度指挥，事前做好应急准备相关工作，如培训、宣传、演习和物资与技术保障等。重点领域同时配备专业智慧团队，事中支持决策辅助。

6.1.2 落实应急分散属地管理，搭建横向联动沟通渠道体系

无论事件的规模和涉及范围如何，在市级政府的指挥和协调下，应急响应的实施任务都由事发地的各区政府来承担。改变单纯自上而下的纵向管理体系突出的信息共享局限与信息孤岛，激发横向资源共享的内在动力，促进跨部门的信息沟通。

6.1.3 构建应急事件分级响应，完善数据驱动的渐进式流程

转变现行的两级决策机制，构建"指挥决策—决策辅助—执行操作"三级应急响应层级。基于数据平台完善应急响应的渐进式流程，经过形势了解、政治协调和决策方案等多个阶段，可实现事前风险评估、事中建议征询、事后结果分析等。

6.2 外部干预措施

6.2.1 跨组织智慧城市建设项目，推进上海大数据共享平台建设

以上海市市政府为主导，联合高校与企业，开展智慧城市的建设项目，如城市信息基础设施项目、城市大数据资源建设项目、城市资源数字化并联项目等，以解决能源、交通、居民安全与健康等民生问题，为应急突发事件处置做好信息准备。

6.2.2 跨部门联合建立行业标准，健全数据信息使用的政策法规

城市大数据的分类、采集、维护、共享、安全、成果应用等应形成一套标准规范：明确管理对象与应用领域分类，明确采集更新和维护主体，明确共享责任；严格制定数据的各类权限与保障机制；健全数据信息使用的政策法规，做好制度准备。

7 结 论

通过深入研究比较美国、欧洲、日韩等的城市大数据共享平台的建设经验，总结上海基于城市大数据共享平台的应急响应决策机制构建的现状、可行性及挑战，并结合国内部分城市的经验，面向智慧城市，构建人员疏散系统多范式模型框架与仿真机制，探索基于城市大数据共享平台的应急疏散响应协同机制的上海方案。本书内容立足于大数据共享与云计算等信息技术的发展，适应将应急疏散系统集成为电子政务、智慧城市、协同管理服务平台的整体框架这一技术路线与发展需求。

研究的主要创新点包括：①建立宏观、中观与微观3个层面的多范式模型，以便整合人员疏散系统各模块与各层级的要素设计，建模对象包括疏散人员的决策信息传播、事件与建筑信息传播、行动规则定义、恐慌情绪蔓延等；②丰富但不限于个体行动规则研究，考虑应急疏散系统中的社会化互动，如组群与领导力、信息传播与情绪蔓延等，提升仿真结果的合理性；③通过IFCs标准数据，实现城市大数据平台与人员疏散多范式模型的协同，对比国内外规模城市的大数据共享平台建设及应急响应机制，提出面向智慧城市的上海应急响应协同机制的构建及优化对策，克服突发事件周期短、传播速度快等难题，利于快速且具有针对性的决策制定。

研究的意义有：以人员疏散系统为研究对象，以提高应急疏散效率为出发点，以城市大数据协同管理平台建设为落脚点，从多范式建模与机器学习等方法入手，深入探究疏散个体多阶段决策演化、决策信息与建筑信息传播、应急事件信息传播与情绪蔓延等规律，提出适应上海的多部门、多主体协同的人员疏散响应协同机制，服务于建筑设计机构、数字城市发展与应急管理部门，以减少人身与财产损失，进一步完善适合上海的智慧城市建设。